Vente des 3 et 4 Novembre 1909

(HOTEL DROUOT)

COMMISSAIRES-PRISEURS : Mes FOURNIER et DESVOUGES

CATALOGUE

DE

LIVRES ANCIENS
ET MODERNES

LIVRES ILLUSTRÉS

OUVRAGES RELATIFS AU THÉATRE ET PIÈCES DRAMATIQUES

SUITES DE VIGNETTES

COMPOSANT LA BIBLIOTHÈQUE

DE FEU M. CHARLES-ÉMILE OUACHÉE

Ancien membre de la Chambre de Commerce de Paris.

DEUXIÈME PARTIE

PARIS

LIBRAIRIE HENRI LECLERC

219, RUE SAINT-HONORÉ, 219

ET 16, RUE D'ALGER

1909

105
48
35
11
20
11
48
20
32
330

CATALOGUE

DE

LIVRES ANCIENS
ET MODERNES

LA VENTE AURA LIEU

LES MERCREDI 3 ET JEUDI 4 NOVEMBRE 1909

A 2 heures précises

HOTEL DES COMMISSAIRES-PRISEURS, 9, RUE DROUOT

SALLE N° 7

Par le ministère de Me **ÉDOUARD FOURNIER**, commissaire-priseur

29, RUE MAUBEUGE, 29

Et de Me **ANDRÉ DESVOUGES**, son confrère

26, RUE GRANGE-BATELIÈRE, 26

Successeur de Me MAURICE DELESTRE

Assistés de **M. HENRI LECLERC**, libraire

219, RUE SAINT-HONORÉ, 219

ET 16, RUE D'ALGER

VOIR L'ORDRE DES VACATIONS A LA FIN DU CATALOGUE

CONDITIONS DE LA VENTE

La vente se fera au comptant.

Les acquéreurs paieront 10 pour 100 en sus des enchères.

Les livres vendus devront être collationnés dans les vingt-quatre heures de l'adjudication. Passé ce délai, ils ne seront repris pour aucune cause.

M. Henri LECLERC, libraire chargé de la vente, se réserve la faculté, dans l'intérêt de la vente, de réunir ou de diviser les numéros du catalogue. Il remplira les commissions qu'on voudra bien lui confier.

CATALOGUE

DE

LIVRES ANCIENS ET MODERNES

LIVRES ILLUSTRÉS
OUVRAGES RELATIFS AU THÉATRE ET PIÈCES DRAMATIQUES
SUITES DE VIGNETTES

COMPOSANT LA BIBLIOTHÈQUE

DE FEU M. CHARLES-ÉMILE OUACHÉE

Ancien membre de la Chambre de Commerce de Paris.

DEUXIÈME PARTIE

PARIS
LIBRAIRIE HENRI LECLERC
219, RUE SAINT-HONORÉ, 219
ET 16, RUE D'ALGER

1909

I. — LIVRES ANCIENS

367. ALMANACH ICONOLOGIQUE ou des arts pour l'année 1763, orné de figures avec leurs explications par M. Gravelot. *A Paris, chez Lattré,* 1763, in-18, mar. rouge, 3 fil., tr. dor. (*Rel. anc.*).

Titre par *Legrand*, frontispice par *Lemire* et 12 figures par *Gravelot*, gravées par *Choffard, Baquoy, Prévost, de Longueil* et *Lemire*.
Les dates du titre et du calendrier ont été grattées et remplacées par celle de 1766.

368. ANACRÉON. Recueil de compositions dessinées par Girodet, et gravées par M. Chatillon, son élève, avec la traduction en prose des odes de ce poète, faite également par Girodet ; publié par son héritier et par les soins de MM. Becquerel et P.-A. Coupin. *A Paris, chez Chaillou-Potrelle,* 1825, in-fol., dos et coins vélin blanc, non rogné.

54 planches gravées au trait.

369. ANGLIVIEL DE LA BEAUMELLE. L'Asiatique tolérant. Traité à l'usage de Zeokinizul (Louis XV), roi des Kofirans (français), surnommé le Chéri. Ouvrage traduit de l'arabe du voyageur Bekrinoll (Crébillon) par M. de ***. *A Londres,* 1779, in-12, dos et coins mar. bleu, tête dor. (*Rel. mod.*).

Exemplaire non rogné, contenant la clef des noms.

370. BOCCACCIO. Il Décamerone di M. Giovanni Boccaccio. *Londra,* 1757, 4 vol. in-8, veau fauve, 3 fil., dos orné, tr. dor. (*Rel. anc.*).

4 frontispices, 1 portrait et 88 figures par *Gravelot, Cochin* et *Eisen*, gravés par *Aliamet, Baquoy, Flipart, Legrand, Lemire, Saint-Aubin*, etc., etc.
Le tome IV manque.

371. BOILEAU. Œuvres. Nouvelle édition avec des éclaircissements historiques donnés par lui-même et rédigés par M. Brossette... avec des remarques et des dissertations critiques par M. de

Saint-Marc. *A Paris, chez David et Durand,* 1747, 5 vol. in-8, veau jaspé, dos orné, tr. rouges (*Rel. anc.*).

Portrait par *Rigaud,* gravé par *Daullé,* 1 fleuron sur chaque titre par *Eisen,* gravés par *Boucher,* 39 vignettes par *Eisen,* gravées par *Aveline, de la Fosse* ou non signées, 6 figures pour le *Lutrin* par *Cochin* et 25 culs-de-lampe.

372. BOILEAU (l'abbé). Histoire des flagellans où l'on fait voir le bon et le mauvais usage des flagellations parmi les chrétiens, par des preuves tirées de l'écriture sainte, des pères de l'Eglise, des papes, des conciles et des auteurs profanes. Traduite du latin. Seconde édition revue et corrigée (par l'abbé Jean-Joseph Granet). *A Amsterdam, chez Henry du Sauzet,* 1732, in-12, dos et coins mar. violet, tête dor. (*Niédrée.*).

Exemplaire NON ROGNÉ.

373. BOSSE (A.). Traicté des manières de graver en taille-douce sur l'airin. *A Paris, chez ledit Bosse,* 1645, in-8, vélin (*Rel. anc.*).

Première édition contenant 19 planches, y compris le frontispice.
On y a joint : Catalogue de l'œuvre de Abraham Bosse par Georges Duplessis. *Paris,* 1859, in-8, cartonn. demi-toile bleue, ébarbé.

374. BOUFFLERS (Le Chevalier Stanislas de). Œuvres. *A Paris, chez Briand,* 1813, 2 vol. in-8, demi-rel. veau fauve, tr. jasp. (*Rel. de l'époque*).

Portrait gravé par *Mme Benoist,* d'après *Ricard* et 16 figures par *Marillier, Monnet, Pornot* et *Vallin,* gravées par *Delignon, Dupréel* et *Macret.* Mouillures au tome II.

375. CABINET DES BEAUX-ARTS ou recueil d'estampes gravées d'après les tableaux d'un plafond où les beaux-arts sont représentés, avec l'explication de ces mêmes tableaux (par Perrault) (*Paris, Edelinck,* 1690), in-fol. oblong, veau brun, dos orné, tr. jasp. (*Rel. anc.*).

Texte entièrement gravé, orné d'un frontispice gravé par *Le Pautre,* d'une vignette en tête de la dédicace par *Lebrun,* gravée par *Chauveau,* de 2 lettres ornées, de 11 planches par *J.-B. Corneille, Le Boullogne, Coypel, Audran,* etc., et d'un beau cul-de-lampe par *Le Brun,* gravé par *Chauveau.*
Cet exemplaire n'a pas de titre.

376. CABINET DES FÉES ; ou collection choisie des contes des fées et autres contes merveilleux, ornés de figures. *Amsterdam et Paris,* 1785-1789, 41 vol. in-8, veau rac., dos orné, tr. jasp.

120 figures par *Marillier,* gravées par *Berthet, Brosse, Borgnet, Choffard, Dambrun, Delvaux, de Ghendt,* etc.

377. CALEÇON (Le) des coquettes du jour. *A la Haye,* 1763, in-8 de 35 pp., cartonné.

On y a joint : La réimpression de l'ouvrage, suivie des Priapées de Maynard, faite à Bruxelles par Gay et tirée à 200 exemplaires.

378. CHAPELAIN. La Pucelle ou la France délivrée, poème héroïque. *A Paris, chez Augustin Courbé*, 1656, in-fol., demi-rel., bas. brune, tr. jasp. (*Rel. mod.*).

Belle édition ornée des portraits du duc de Longueville et de Chapelain, gravés par *C. Nanteuil* et de 12 planches gravées par *Bosse*. Fortes taches à plusieurs feuillets.

379. CRÉBILLON. Œuvres complètes. Nouvelle édition augmentée, ornée de belles gravures. *A Paris, chez les libraires associés*, 1785, 3 vol. in-8, veau marb., pet. dent., dos orné, tr. jaunes (*Rel. anc.*).

Portrait par *Marillier* d'après *La Tour* et 9 figures par *Marillier*, gravées par *Dambrun, Duponchel, Ingouf, Macret* et *Trière*.

380. GRAVELOT ET COCHIN. Iconologie par figures ou traité complet des allégories, emblèmes, etc. *Paris, Lattré, s. d.*, 4 parties de texte en 1 vol. et deux vol. de planches in-12, demi-rel. veau olive, tr. jasp.

Un frontispice contenant le portrait de Cochin, par *Monnet*, gravé par *Gaucher*, portrait de *Gravelot* par Gaucher, 4 titres gravés par *Choffard, de Ghendt* et *Legrand* et 200 (sur 204) figures. Beaucoup d'épreuves ont les noms des artistes à la pointe.

381. GRESSET. Le Parrain magnifique, poëme en dix chants, ouvrage posthume de Gresset. *A Paris, chez Ant.-Aug. Renouard*, 1810, in-8, broché.

2 figures gravées par *De Ghendt* et *Simonet* d'après *Moreau le jeune*; elles sont AVANT la lettre.

382. HÉNAULT. Nouvel abrégé chronologique de l'histoire de France (par le Président Hénault); troisième édition revue, corrigée, augmentée, et ornée de vignettes et fleurons en taille-douce. *A Paris, chez Prault*, 1749, in-4, veau marb., pet. dent., tr. rouge (*Rel. anc.*).

383. HOMÈRE. L'Iliade; traduction nouvelle. *A Paris, chez Ruault*, 1776, 3 vol. in-8, brochés.

3 figures par *Cochin*, gravées par *Gaucher, Romanet* et *de Launay*. Exemplaire NON ROGNÉ.

384. JOMBERT (Charles-Antoine). Catalogue de l'œuvre de Ch.-Nic. Cochin fils. *A Paris, de l'Imp. de Prault*, 1770, in-8, cartonn. dos et coins toile grenat.

Portrait de Cochin, gravé par *Prévost*, ajouté.

385. JOMBERT (Charles-Antoine). Méthode pour apprendre le dessin. Enrichie de 100 planches représentant différentes parties du corps humain, d'après Raphael et les autres grands maîtres. Plusieurs figures académiques, dessinées par Cochin. Etc. etc. *Paris*,

chez Alex. Jombert jeune, 1784, in-4, veau marb., tr. rouges. (*Rel. anc.*).

Exemplaire bien complet.
Les planches 59 et 60 ont des taches d'encre.

386. LACHAU et LE BLOND (les abbés). Description des principales pierres gravées du cabinet du duc d'Orléans, par de Lachau et Le Blond. *Paris,* 1780-1784, 2 vol. pet. in-folio, dos et coins chag. brun, tr. jasp. (*Rel. mod.*).

Un frontispice par *Cochin,* gravé par *Saint-Aubin,* 178 pierres gravées par *Saint-Aubin* non signées et 55 culs-de-lampe tous dessinés et gravés par *Saint-Aubin.*
Les pages 165 à 168 du tome II manquent.

387. LE SAGE. Œuvres choisies avec une notice sur l'auteur par Mayer. *Amsterdam et Paris,* 1783, 15 vol. in-8, veau marb., dos orné, tr. marb. (*Rel. anc.*).

1 portrait par *Guélard* et 32 figures par *Marillier,* gravées par *Borgnet, Dambrun, De Launay, Delignon, Delvaux, Duclos, de Longueil,* etc.

388. LIVRES ILLUSTRÉS DU XVIIIe SIÈCLE. 12 vol. in-8 et in-12, dont 10 rel. veau et 2 cartonnés.

Bitaubé. Joseph. *Paris, Didot,* 1797, 2 vol., 9 figures par *Marillier,* gravées par *Née.* — Dorat. Les Malheurs de l'inconstance ou lettres de la marquise de Syrcé et du comte de Mirbelle. *Amsterdam et Paris,* 1772, 2 vol., 2 figures par *Queverdo,* gravées par *De Longueil.* — Du Bocage (Mme). Le Paradis terrestre, poème imité de Milton. *A Londres,* 1748, frontispice par *Pierre,* fleuron sur le titre par *Durand,* portrait gravé par *Tardieu,* 6 vignettes par *Gravelot* et 2 fleurons par *Pierre.* — Musée. Les amours de Léandre et de Héro. *Paris, Nyon,* 1784, front. par *Cochin,* gravé par *De Launay.* — Novelli. Recueil de 49 vignettes montées sur bristol, à toutes marges. — Montesquieu. Il Tempio di Gnido, tradotto dal francese. *In Londra (Paris), s. d.,* 1 frontispice, 1 titre gravé avec fleuron et 7 vignettes attribuées à *De Sève.* — Tacite. Tibère ou les six premiers livres des Annales de Tacite. *Paris, Imp. royale,* 1768, 3 vol., 1 fleuron sur chaque titre, 6 en-têtes et 6 figures par *Gravelot,* gravées par *Duclos, Massard, Rousseau,* etc. — Terentii (Publii) Afri Comoediae sex, ad optimorum exemplarium fidem recensitae. *Lutetiae Parisiorum, Leloup et Merigot,* 1753, 2 vol., 1 fleuron sur chaque titre, 1 front., 7 figures, 37 vignettes et 28 culs-de-lampe par *Gravelot,* gravés par *Delafosse* et *Sornique.*

389. LIVRES ILLUSTRÉS PAR COCHIN. 8 vol. in-8 et in-12, veau et cartonn.

Musée. Les Amours de Léandre et de Hero. *Paris, Nyon,* 1784, front. par *Cochin,* gr. par *De Launay.* — Portrait de feu Monseigneur le Dauphin. *Paris, Lottin* (1764). Titre par *Cochin* gr. par *Miger,* 2 portr. vign. et 1 cul-de-lampe gr. par *Lempereur.* — Pulci (Luigi). Il Morgante. *Londra,* 1768, 3 vol., portrait par *Gaucher,* 3 titres par *Moreau* et 1 front. par *Cochin.* — Terence. Les Comédies. *Paris, Jombert,* 1771, 3 vol., 1 frontispice et 6 fig. par *Cochin,* gr. par *Choffard, Prevost,*

Rousseau, etc. — Vues dessinées par *Cochin*, gravées à l'eau-forte, 30 vignettes.

390. LIVRES ILLUSTRÉS PAR EISEN. 8 vol. in-8 et in-12, veau, demi-rel. mar. rouge, vélin vert et demi-bas. bleue.

Algarotti. Il Congresso di Citera. *Parigi, Prault*, 1768, front. par *Eisen*, gr. par *Legrand*, titre par *Moreau* et 2 vign. non signées. — Blin de Sainmore. Lettre de Biblis à Caunus son frère. *Paris, Jorry*, 1767, 1 fig. par *Gravelot*, 1 vign. et 1 cul-de-lampe par *Eisen*. — Lettre de Sapho à Phaon. *Paris, Jorry*, 1766, 1 fig. par *Gravelot*, 1 vign. par *Eisen* et 1 cul-de-lampe par *Choffard*. Lettre de Gabrielle d'Estrée à Henri IV. *Paris, Jorry*, 1767, 1 fig., 1 vign. et 1 cul-de-lampe par *Eisen*. Lettre de Jean Calas à sa femme et à ses enfants. *Paris, Jorry*, 1767, 1 fig., 1 vign. et 1 cul-de-lampe par *Eisen*. Ens. 4 pièces en 1 vol. — Du Buisson. Le tableau de la volupté ou les quatre parties du jour. *A Cythère, au Temple du plaisir*, 1771, 4 vign. et 4 culs-de-lampe par *Eisen* (Le front. et les 4 figures manquent). — Gellert. Fables et contes (Trad. de l'allemand par Boulanger de Rivery). *Paris, Duchesne*, 1754. Titre et 3 vign. par *Eisen*. — Pezay (Mis de). Œuvres agréables et morales. *Liège*, 1791, 2 vol., figures par *Eisen*. — Rousseau (J.-J.). Discours sur l'origine et les fondemens de l'inégalité parmi les hommes. *Amsterdam*, 1755, vign. sur le titre par *Fokke*, frontispice par *Eisen*. — Vadé. La Pipe cassée et les quatre bouquets poissards. *A la Grenouillière et se trouve à Paris chez Duchesne*, 1755, 4 vign. par *Eisen*.

391. LIVRES ILLUSTRÉS PAR MARILLIER. 4 vol. in-8, brochés, 1 vol. in-8, dos et coins chag. brun et 3 vol. in-12, veau fauve et demi-mar. rouge, non rognés. — Ens. 8 vol.

Beauharnais (Comtesse de). Mélanges de poésies fugitives et de prose sans conséquence. *Paris, Delalain*, 1776, 1 front. et 3 fig. — Bitaubé. Joseph. *Paris, Didot*, 1786, 2 vol., 8 fig. (sur 9), (le portrait manque). — Boufflers (Stanislas). Œuvres, *Paris, Briand*, 1813, 2 vol., portrait gravé par Mme Benoist d'après Ricard, 16 figures. — Properce. Elégies de Properce. *Paris, Duprat*, 1802, 2 vol., 5 figures. — Valart (l'abbé). Imitation de Jésus-Christ. *Paris, Barbou*, 1773, 1 front. et 4 figures par Marillier.

392. LIVRES ILLUSTRÉS PAR MOREAU LE JEUNE ET MARILLIER. 7 vol. in-8, veau (*Rel. anc.*).

Bitaubé. Guillaume de Nasseau. *Paris, Prault*, 1775, 1 fleuron sur le titre et 1 figure dessinés et gravés par *Moreau*. — Properce. Elégies, traduites dans toute leur intégrité, avec des notes interprétatives du texte et de la mythologie de l'auteur..... *Paris, Duprat*, 1802, 2 vol., 5 figures par *Marillier*, gravées par *Ponce, Dambrun, Delvaux*, etc. — Richer. Théâtre du monde..... *Paris, Defer de Maisonneuve*, 1788, 4 vol., 20 figures par *Moreau*, gravées par *Dambrun, Delignon*, etc.

393. LUCAIN. La Pharsale, traduite en françois par M. Marmontel. *A Paris, chez Merlin*, 1766, 2 vol. in-8, veau marb., dos orné, tr. rouges (*Rel. anc.*).

1 frontispice et 10 figures par *Gravelot*, gravées par *Duclos, de Ghendt, Le Mire*, etc.

394. MEIBOMIUS. De l'Utilité de la flagellation dans les plaisirs du mariage et dans la médecine; et des fonctions des lombes et des reins. Ouvrage curieux trad. du latin de Meibomius, orné de gravures en taille-douce et enrichi de notes historiques et critiques (par Mercier de Compiègne) auxquelles on a joint le texte latin. *Paris*, 1792, in-18, veau jasp., fil., dos orné, tr. dor. (*Rel. anc.*).

1 frontispice et 1 figure.

395. MONET. Anthologie françoise, ou chansons choisies, depuis le XIIIe siècle jusqu'à présent. *S. l.* (*Paris*), 1765, 3 vol., portrait par Cochin, gravé par Saint-Aubin et 2 frontispices (celui du 3e vol. manque) par Gravelot, gravés par Lemire. — Chansons joyeuses, mises au jour par un ane-onyme, onissime (Collé). *A Paris, à Londres*, 1765, 2 parties en 1 vol., front. par Gravelot, gravé par Née. Ens. 4 vol. pet. in-8, dos et coins mar. bleu, tr. dor.

396. OVIDE. L'Art d'aimer et le remède d'amour. Traduction (en vers) d'Ovide, ornée de figures. *A Amsterdam*, 1751, pet. in-8, cartonn. demi-toile rouge, ébarbé (*Rel. mod.*).

Frontispice par *Van Loo*, fleuron sur le titre non signé, 2 figures pour l'*Art d'aimer* par *Eisen*, gravées par *Le Mire* et *Tardieu*, et 1 non signée pour le *Remède d'Amour*.

397. PRÉVOST (abbé). Œuvres. *Amsterdam et Paris*, 1783-1785, 39 vol. in-8, veau marb., dos orné, tr. marb. (*Rel. anc.*).

1 portrait par *Schmidt*, gravé par *Ficquet* et 77 figures de *Marillier*, gravées par *Dambrun, Delaunay, Delignon, de Longueil*, etc.

398. RABAUT (J.-P.). Almanach historique de la Révolution françoise, pour l'année 1792... *A Paris, chez Onfroy, s. d.* (1792), in-18, demi-rel., bas., ébarbé (*Rel. mod.*).

6 figures par *Moreau le jeune*, gravées par *Coiny, Halbou, Hubert, Langlois*, etc.

399. RABAUT (J.-P.). Almanach historique de la Révolution françoise, pour l'année 1792... *A Paris, chez Onfroy, s. d.* (1792), in-18, bas. fauve, fil., dos orné, tr. marb. (*Rel. anc.*).

6 figures par *Moreau le jeune*, gravées par *Coiny, Halbou, Hubert, Langlois*, etc.

400. RABELAIS. Œuvres de maître François Rabelais, suivies de remarques publiées en anglois par M. Le Motteux, et traduites en françois par C. D. M. (de Missy). Nouvelle édition ornée de 76 gravures. *A Paris, chez Bastien*, an VI, 3 vol. in-4, veau écaille, pet. dent., dos orné, tr. dor. (*Rel. anc.*).

Exemplaire tiré de format in-4, contenant les figures en épreuves AVANT la lettre.

401. ROBBÉ DE BEAUVEZET. Mon Odyssée ou le journal de mon retour de Saintonge, poème à Chloé. *A La Haye*, 1760, in-8, broché.

1 fleuron sur le titre par *Boucher*, gravé par *Chedel* et 4 figures par *Desfriches*, gravées par *Cochin*.
Exemplaire NON ROGNÉ.

402. ROUSSEAU (J.-B.). Œuvres. Nouvelle édition, revue, corrigée et augmentée sur les manuscrits de l'auteur. *A Bruxelles*, 1743, 3 vol. in-4, veau fauve, 3 fil., dos orné, dent. int., tr. dor. (*Rel. anc. fatiguée*).

Belle édition.

403. SAINT-LAMBERT. Les Saisons, poème. *A Amsterdam*, 1769, in-8, veau fauve, fil., dos orné, tr. rouges (*Rel. anc.*).

Frontispice, 4 figures par *Le Prince* et *Gravelot*, gravées par *Delaunay*, *Prévost*, *Rousseau*, etc., 1 fleuron sur le titre et 4 vignettes par *Choffard*.
Cette édition contient, les *contes*, les *pièces fugitives* et les *fables orientales*.

404. TRESSAN (Comte de). Œuvres choisies : Traduction libre d'Amadis de Gaule, Roland furieux, Corps d'extraits de romans de chevalerie, Œuvres posthumes. *A Evreux, chez Ancelle et à Paris, chez Desray*, 1791-1796, 12 vol. in-8, basane rac., dos orné, tr. marb. (*Rel. anc.*).

Portrait par *Borel*, gravé par *de Launay* et 20 figures par *Marillier*, gravées par *Croutelle*, *Delvaux*, *de Ghendt*, *de Launay*, etc.

405. VIRGILE. Les Géorgiques traduites en vers français par De Lille. Édition à laquelle on a joint le texte latin, avec les notes et les variantes. *A Paris, chez Bleuet*, an II, in-8, veau jasp., pet. dent., dos orné, tr. rouges (*Rel. anc.*).

1 frontispice par *Casanova* et 4 figures par *Eisen*, gravées par *de Longueil*.

406. VIRGILE. Œuvres, traduites en françois, avec des remarques, par M. l'abbé Desfontaines; nouvelle édition. *Paris, Plassan*, 1796, 4 vol. gr. in-8, figures, demi-rel., cuir de Russie, plats papier, non rognés (*Rel. de l'époque*).

Un portrait de *Dupreel*, et 17 figures par *Moreau* et *Zocchi*, gravés par *Baquoy*, *Dambrum*, *Delignon* et autres.

407. VOYAGES IMAGINAIRES, songes, visions et romans cabalistiques (recueillis par Garnier) *A Amsterdam, et se trouve à Paris*, 1787-1789, 39 vol. in-8, veau marb., tr. marb. (*Rel. anc.*).

76 figures par *Marillier*, gravées par *Berthet*, *Borgnet*, *Croutelle*, *Delignon*, *Delvaux*, *de Ghendt*, etc.
Exemplaire fatigué.

2. — SUITES DE VIGNETTES, ANCIENNES ET MODERNES, POUR L'ILLUSTRATION DES LIVRES

408. ARIOSTE. Suite d'un portrait par Eisen, gravé par Fiquet et de 46 figures par Cochin, gravées par Ponce et Lingée, pour l'édition du *Roland furieux*. Paris, Brunet, 1775-1785, in-4.

Cette suite est complète moins les 2 figures de *Moreau*.

409. ARNAUD (Baculard d'). Réunion de 28 figures, 31 vignettes et culs-de-lampe par Eisen, Marillier, Le Barbier, etc., gravés par de Ghendt, Le Grand, De Launay, etc., pour illustrer les œuvres de B. d'Arnaud.

Épreuves du sentiment, *Nouvelles historiques*, etc.
2 vignettes et 2 culs-de-lampe sont en tirages à part.

410. BEAUMARCHAIS. Suite complète des 5 figures de Saint Quentin, gravées par Malapeau pour *la Folle Journée*, édition de 1785, in-8.

Épreuves à toutes marges. On y a joint : 1° La suite complète des 5 figures de *Gravelot* pour *Eugénie*, édition de 1767. — 2° La suite complète du portrait et des 6 figures de *Staal* pour les *Œuvres*, édition Garnier, 1874, épreuves sur Chine AVANT la lettre. — 3° Trois figures d'après T. Johannot. — 4° Un portrait et 15 figures en divers états : eau-forte, avant et avec la lettre, gravées par *Bovinet*, *Simonet* et *Adam*.

411. BOCCACE. Suite complète des 5 frontispices, du portrait et des 110 figures par Gravelot, gravées par Lempereur, Pasquier, Le Mire, Aliamet, etc. pour l'édition de *Décaméron*, 1757-1761.

Réimpression ancienne de format in-12. On y a joint : 1° 67 figures, dont un frontispice gravées par *Vidal* d'après *Gravelot* pour l'édition de *Londres*, 1777, in-12. — 2° 1 portrait de Boccace par *Gravelot*, gravé par *Lempereur*, et 2 vignettes dont une en tirage à part.

412. BOILEAU. Suite complète du portrait et des 20 eaux-fortes de V. Foulquier, pour l'édition des *Œuvres choisies*. Tours, Mame, 1870, gr. in-8.

Épreuves sur Chine avant la lettre.
On y joint : 1° la suite complète du portrait gravé par *Courtry* et des 6 eaux-fortes gravées par *Monziès* d'après *Cochin*, pour illustrer les œuvres de Boileau, édition Lemerre, épreuves en trois états : sur Hollande, sur grand Hollande et sur Chine avant la lettre. — 2° les 7 figures gravées sur acier, de l'édition Garnier, épreuves sur Chine avant la lettre.

413. CERVANTES. Suite d'un portrait de Cervantes et de 11 lithographies in-fol., par Célestin Nanteuil, pour *Don Quichotte*.

Épreuves tirées sur Chine.

414. CHOFFARD. Livre d'écussons et cartels. *A Paris, s. d.*, 6 vignettes in-8, montées sur bristol. — COLLECTION DE CULS-DE-LAMPE ET FLEURONS inventés et dessinés par M. Bachelier, tirée de la grande édition in-folio des fables de La Fontaine et gravés par Choffard. *A Paris, chez la veuve Chéreau, s. d.*, 9 planches in-8, montées sur bristol.

415. CHOFFARD. Vignettes, en-têtes et culs-de-lampes, en tirages à part, pour les ouvrages de Désormeaux, 1779, Racine, 1808, Saint-Lambert, 1769, Blin de Sainmore, 1767, Saint-Non, 1781-1783, Choiseul-Gouffier, etc., etc.

Réunion de 29 pièces, montées sur bristol.

416. CHOFFARD. Vignettes, titres, cadres de cartes géographiques, etc., etc.

Réunion de 80 vignettes coupées dans divers livres : DÉSORMEAUX. Hist. de la maison de Bourbon, SAINT LAMBERT. Les Saisons, IMBERT. Jugement de Paris. OVIDE, Métamorphoses, ROUSSEAU. Œuvres, etc. — Figures et titres de divers livres.

417. CLARETIE (Jules). Monsieur le Ministre. Suite complète des 10 eaux-fortes d'Adrien Marie, pour l'édition des « *Chefs-d'œuvre du Roman contemporain* ».

Épreuves AVANT la lettre, tirées sur PAPIER DU JAPON.
Une des planches est tirée sur Hollande.

418. COCHIN. En-têtes de l'*Histoire générale de Languedoc*. Paris, Vve Chereau, *s. d.*, in-fol.

Suite de 13 vignettes par *Cazes*, gravées par *Cochin* ; épreuves en TIRAGE A PART des en-têtes.

419. COCHIN. Réunion de 192 figures, vignettes, culs-de-lampes, etc., etc.

Suite de 1 frontispice et 6 vignettes, pour le *Théâtre* de Favart — de 5 figures diverses pour l'*Histoire générale des Voyages*, 4 fleurons de titres, figure, 5 vignettes, dont 3 en tirages à part, pour le « *Théâtre des Grecs* » — 101 pièces diverses, vignettes, culs-de-lampe, figures, etc., pour les *Etrennes lyriques*, Rousseau, Télémaque, Homère, etc., etc. ; — environ 60 vignettes, culs-de-lampe, lettres ornées, en tirages à part, quelques-uns à l'état d'eau-forte ; un recueil de 6 planches de paysages gravées par *Mariette*, d'après *Cochin*.

420. COCHIN. Estampes allégoriques des événements les plus connus de l'histoire de France. *Paris, Cochin*, 1768, in-fol.

Réunion d'un titre et de 27 figures gravées par *Patas, Prevost* et *De Launay*, la plupart à toutes marges.

421. CORNEILLE. Théâtre. Suite complète du frontispice par Pierre, gravé par Watelet et des 34 figures par Gravelot, gravées par Baquoy, Flipart, Lemire, etc., pour les *Œuvres,* édition de Genève, 1764, in-8.

Bonnes épreuves.
Le frontispice est en double, dont une épreuve à toutes marges.

422. CORNEILLE. Suite complète du portrait par Foulquier et des 25 vignettes par Foulquier et Barrias pour l'édition du *Théâtre choisi.* Tours, Mame, 1880, gr. in-8.

Épreuves sur Chine avant la lettre.
On y joint : 1° 29 figures (sur 34) par *Gravelot,* pour l'édition de Genève, 1764, in-8. — 2° 25 figures de la même suite, mais de second tirage ; elles sont montées sur bristol. — 3° la suite complète du portrait de Corneille et des 11 figures pour l'édition de *Paris, Garnier frères,* épreuves sur Chine, AVANT la lettre.

423. CRÉBILLON. Suite complète du frontispice et des 5 figures de Millius, pour les *Contes dialogués,* édition des « *Petits conteurs du XVIIIe siècle* ».

Épreuves en deux états sur Japon : eaux-fortes avancées et avant la lettre avec remarque.
On y joint : la suite complète du frontispice et des 5 eaux-fortes gravées par *Henriot* d'après *Dubouchet,* pour illustrer les *Facéties,* du comte de Caylus, édition des « *Petits conteurs du XVIIIe siècle* ». Épreuves en 2 états : sur Japon et sur Hollande.

424. DAUDET (Alphonse). Suite d'un portrait et de 5 eaux-fortes dessinées et gravées par Félix Buhot, pour illustrer l'édition des *Lettres à mon moulin.* Paris, Lemerre, 1879.

Épreuves sur Chine AVANT la lettre, de format in-4.

425. DUPLESSI-BERTAUX. Réunion de 61 figures de divers formats.

Figures tirées de l'*Histoire de l'enfant prodigue,* de sujets de divers genres, scènes militaires, etc.

426. EISEN. Estampes dessinées par Eisen et gravées par Henriquez, Patas, de Longueil, etc. 8 planches in-4.

L'Optique. — L'Espièglerie. — L'Amour assorti les bergers. — L'Eté. — L'Automne. — L'Après-midy. — La jolie fermière. — La belle nourrice.

427. EISEN. 5 dessins à la sanguine signés : *Ch. Eisen invenit et fecit 1773.* In-8.

428. EISEN. Réunion d'environ 270 figures, fleurons, vignettes, etc.

Figures pour illustrer les œuvres de Dorat, B. d'Arnaud, Voltaire, Camoens, Rousseau, Du Rosoi, etc., etc.

429. FÉNELON. Suite complète des 24 figures de Marillier, gravées par De Ghendt, Delvaux, Masquelier, etc. pour l'édition des *Aventures de Télémaque*. Paris, Deterville, 1796, in-8.

Épreuves de format in-4, tirées en deux états : bleu et noir.
On y a joint les 6 figures de *Cochin*, édition de *Paris, Didot*, 1790, in-8.

430. FIELDING. Suite complète des 12 figures de *Moreau*, gravées par De Villiers, Simonnet et Mariage, pour l'édition de *Tom Jones*. Paris, Didot, 1833, in-8.

Épreuves coloriées.

431. FIELDING. Tom Jones. Suite complète du frontispice et des 15 figures gravées par Pasquier, Fessard, de La Fosse, etc., pour l'édition de *Tom Jones*. Amsterdam, 1750, in-12.

On y a joint : la suite complète des 2 titres par *Rouargue* et des 4 figures par *Alfred Johannot* pour l'édition de *Paris, Furne*, 1836.

432. FIGURES, vignettes, eaux-fortes contemporaines. 33 pièces diverses.

Frontispice pour le *Grand et le petit trottoir* de Delvau ; eau-forte de *Frémiet* ; menus, adresses, invitations, etc., 4 eaux-fortes gravées par *Gaujean* ; portrait de Murger par *Nargeot* en 2 états, dont l'eau-forte pure ; 1 eau-forte d'*Hédouin* pour *le Livre des Mères* ; 6 eaux-fortes de *Paul Avril* pour les contes de Moncrif, à l'état d'eau-forte pure, etc.

433. GRAFFIGNY (Mme de). Suite complète du portrait, du titre et de la figure par Desenne, gravés par Coupé pour l'édition des *Lettres d'une péruvienne*. Paris, Werdet, s. d. (1826), in-32.

Épreuves à toutes marges, en 3 états : sur Chine, avant et avec la lettre et EAU-FORTE.
On y joint : 1° portrait avant la lettre et 3 figures par *Devéria*, dont 2 en 3 états avec l'eau-forte et 1 en 2 états avant la lettre et eau-forte ; 2° 14 portraits divers de Mme de Graffigny, par *Frilley, J. Adam, Delvaux, Cathelin, Levêque, de Launay*, etc., quelques-uns sont en deux états.

434. GRAVELOT. 18 planches diverses gravées par *Bacheley*. In-4 obl. en feuilles.

Jolies pièces représentant les sujets suivants, entourés d'un petit cartouche Louis XV : l'architecture, l'agriculture, la peinture, la botanique, la course de chevaux, la grande foire, scènes de la vie d'Esope, les jeux de quilles, du volant, de la toupie, du sabot, du cerceau, de la main chaude, etc., etc.

435. GRAVELOT. Réunion d'environ 260 figures, vignettes, culs-de-lampe, etc.

Suite complète du frontispice et des 10 figures pour illustrer la *Pharsale* de Lucain, édition de *Paris, Merlin*, 1766, figures et vignettes pour Corneille, Virgile, Marmontel, Rousseau, Erasme, Théâtre de Favart, Falbaire de Quincey, Lafargue, le Tasse, etc., etc.

436. GRAVELOT ET COCHIN. Figures pour l'*Iconologie*. Paris, Lattré, s. d.

Réunion de 11 figures, dont 4 en épreuves AVANT la lettre, 5 à toutes marges et 2 rognées.

437. HALÉVY (Ludovic). Suite de 1 frontispice et de 8 vignettes dessinées par E. Mas, gravés par J. Massard pour illustrer *Madame, Monsieur et les petites Cardinal*. Paris, L. Conquet, 1883, in-8, en feuilles.

Épreuves sur Japon en deux états : EAUX-FORTES et avant la lettre.

438. HORACE. Suite d'un frontispice, de 2 portraits et de 170 vignettes par Chauvet, gravées à l'eau-forte pour l'édition des *Œuvres,* traduction du comte Siméon. Paris, Jouaust, 1873-1874, in-8.

Tirages à part sur Chine.

439. HUGO (Victor). Suite de 99 dessins par D. Vierge et Chifflart, gravés sur bois pour l'édition des *Travailleurs de la Mer*. Paris, Hugues, 1882.

Épreuves sur Chine, AVANT la lettre, de format in-folio.

440. JOHANNOT (Alfred et Tony). Réunion de 66 figures et vignettes.

7 eaux-fortes pour les *Contes* de Charles Nodier. — 17 planches, dont quelques doubles, pour *Manon Lescaut*, édition Bourdin, épreuves sur Chine et sur blanc. — 42 gravures diverses, quelques-unes sur Chine pour Gœthe, Casimir Delavigne, George Sand. — Lithographies extraites de l'*Artiste*, etc., etc.

441. LA FONTAINE. Contes. Suite complète de 8 figures par *Marillier*. — Suite complète de 40 vignettes, têtes de page, d'après *Cochin*. *Paris, Roblin, s. d.*, épreuves sur Chine avant la lettre.

On y a joint : 1° Suite complète des 12 vignettes de *Percier* gravées par *Duparc, Massard, Racine*, etc., pour illustrer les *Fables*, édition de *Paris, Didot*, an X-1802, épreuves avant la lettre. — 2° Suite de 4 lithographies coloriées, d'après *H. Monnier*, pour les *Fables*. — 3° La suite complète du portrait et des 18 figures de *Staal* pour les *Œuvres*. Edition Garnier. Epreuves sur Chine, AVANT la lettre.

442. LA FONTAINE. Contes. Suite de 58 figures par Eisen, pour l'édition de 1762, dite des « *Fermiers généraux* », in-8.

On y joint : 18 fleurons et culs-de-lampe pour la même édition, dont 5 en tirages à part; un frontispice par *B. Picart*, gravé par *Legrand* pour les « Fables », in-12 et 9 figures, contrefaçons de celles de l'édition des Fermiers généraux.

443. LALAUZE (Ad.). Réunion de 55 eaux-fortes diverses.

Suite du portrait et des 6 eaux-fortes pour illustrer *Werther*, édition Jouaust, épreuves sur Japon, avant la lettre, avec remarque. — Suite complète du portrait et des 6 eaux-fortes pour illustrer Cazotte. *Le Diable amoureux,* édition Jouaust, épreuves sur Hollande, avant la lettre, avec remarques. — Suite de 10 eaux-fortes (sur 11) pour illustrer les *Contes* d'Hoffmann, édition Jouaust, épreuves sur Hollande, avant la lettre, avec remarque. — 31 eaux-fortes en différents états pour illustrer : *les Mille et une nuits, Fréron chez Voltaire,* Legouvé, les *Contes* de La Chaussée, etc., etc.

444. LE CLERC. Divers desseins de figures, dédiés à Monsieur de Boncœur. *A Paris, chez Chereau, s. d.,* petit in-4 oblong, non relié.

Titre et 9 figures gravées.

445. LITHOGRAPHIES diverses par Charlet, J. Gigoux, Forest, Daumier, Grandville, etc. Réunion de 47 pièces de divers formats.

Caricatures, scènes de mœurs, etc., extraites de la « *Caricature* », du « *Charivari* », de « *l'Artiste* », etc., 6 pièces tirées des « *Métamorphoses du jour* », coloriées.

On y joint : Adam (V.). Alphabet et chiffres récréatifs. *Paris, Aumont, s. d.,* 10 lithographies, in-fol.

446. LOS RIOS (Ricardo de). Vingt-quatre eaux-fortes pour illustrer *Don Quichotte,* de Cervantes, *Guzman d'Alfarache,* de Lesage, *Lazarille de Tormes.* Publiées par Rouquette, 1880, in-4.

Épreuves avant la lettre sur grand Japon.

447. LUCRÈCE. Suite complète du frontispice et des 6 figures pour l'édition de *La Nature des choses.* Paris, Bleuet, 1795, in-8.

Épreuves avant la lettre, à toutes marges.

On y a joint : 1 frontispice et 4 figures de *Gravelot,* gravées par *Binet,* pour l'édition de 1768, et 1 figure par *Monnet,* pour celle de l'an II.

448. MARILLIER. Figures, vignettes, culs-de-lampe, etc., etc.

Réunion d'environ 250 pièces (figures, vignettes coupées dans des livres, titres, etc.) pour illustrer les œuvres de Berquin, Crébillon, Dorat, l'abbé Prévost, B. d'Arnaud, Gessner, *Cabinet des fées, Chiffres* de Saint-Aubin, etc., etc.

449. MARMONTEL. Suite complète du portrait par Cochin, des 3 titres et des 23 figures de Gravelot pour l'édition des *Contes moraux.* Leipzig, 1766 (contrefaçon de l'édition de *Paris, Merlin,* 1765, in-8).

On y joint : 1° 6 figures de l'édition de 1776. — 2° La suite complète de 1 frontispice et 3 figures de *Gravelot,* pour *Belisaire,* édition de 1767, épreuves à toutes marges. — 3° 15 figures diverses par *Gravelot,* pour les *Contes moraux,* édition de 1765.

450. MOLIÈRE. Suite complète du portrait et des 32 figures gravées

par Fessard, d'après Boucher, pour l'édition des *Œuvres*. Paris, 1749, pet. in-12.

On y joint : 1° La suite complète du portrait et des 32 figures gravées par *Legrand,* d'après *Boucher*, pour l'édition de *Paris, Prault,* 1760, in-12. — 2° 12 figures et 11 vignettes diverses par *Boucher*.

451. MOREAU LE JEUNE. Réunion de 21 figures in-fol.

1° Juvenal. *Satires*. Paris, Didot, 1796, 2 figures, en 2 états : avant la lettre, et eau-forte. — 2° Marc Antonin. *Réflexions morales*. Paris, Didot, 1800, 2 figures, en 3 états : avant la lettre, avec la lettre et eau-forte. — 3° Mably. *Entretiens de Phocion*. Paris, Didot, 1795, 2 figures, épreuves avant la lettre. — 4° 9 pièces diverses, dont 2 avant la lettre et 7 à l'état d'eau-forte.

Épreuves à toutes marges.

452. MOREAU LE JEUNE. Réunion de 110 figures diverses.

1 portrait et 7 figures, gravées par *Delignon, Halbou, Langlois,* etc., pour Regnard, édition de 1789-1790. — Figures diverses pour *Vert-Vert, Émile* de Rousseau, *Lettres d'Héloïse et d'Abeilard,* les *Œuvres* de Gessner, etc. — 21 figures sont en épreuves avant la lettre et 2 à l'état d'eau-forte pure.

453. NANTEUIL (Célestin). Réunion de 300 lithographies, la plupart tirées sur papier de Chine.

Scènes de mœurs, sujets gracieux, la plupart pour morceaux de musique ; portraits, etc., etc.

454. NOUVEAU TESTAMENT. Suite de 95 figures (sur 96) par *Marillier* et *Monsiau,* gravées par *Dambrun, Delvaux, Delignon, Dupréel,* etc., pour illustrer le « *Nouveau Testament* », édition de Paris, Defer de Maisonneuve, 1789-an XII, in-4.

Épreuves avant la lettre de format in-4.

455. OVIDE. Suite de 117 figures (sur 140) et un cul-de-lampe par Boucher, Gravelot, Moreau, Eisen, etc., pour l'édition des *Métamorphoses* de Paris, 1767-1771, in-4.

Les planches 19, 25, 26, 28, 31, 34, 38, 40, 41, 43, 46, 47, 77, 96, 100, 107, 111, 116, 118, 129, 130, 134, 136 manquent.

On y joint : la planche de la dédicace avant le texte au dos, 5 vignettes diverses dont 2 en tirages à part, et 37 planches doubles.

456. OVIDE. 44 figures (sur 144) par Le Barbier, Monsiau et Moreau, Chasselat et Duvivier, pour l'édition des *Métamorphoses*. Paris, Gay et Guestard, 1806.

Épreuves avant la lettre, de format in-fol.
On y a joint les eaux-fortes de 17 de ces figures.

457. PETITY (L'Abbé de). Bibliothèque des artistes et des amateurs. Suite des 6 figures par Gravelot.

On y joint : 1° une des figures (l'Écriture) en épreuve avant les signatures et un fleuron à l'état d'eau-forte. — 2° le portrait de Gravelot par lui-même, gravé par *Enriquez*, 1770. — 3° les plans, coupe et élévation de la nouvelle église Ste-Geneviève par Soufflot. Titre et 3 gravures en médaillon.

458. PORTRAITS divers, gravés par Boilly, A. Tardieu, C. Nanteuil, Ficquet, etc., etc.

Réunion d'environ 400 portraits la plupart modernes, dont plusieurs à l'état d'eau-forte ou avant la lettre.
Quelques-uns sont extraits du *Monde dramatique*, de la *Galerie de la Presse*, de l'*Artiste*, des *Emaux* de Petitot, *du Choix d'oraisons funèbres*.

459. PUFFENDORFF... Suite de 9 vignettes et 2 culs-de-lampe par Eisen, gravés par Baquoy, Sornique, etc., pour l'*Introduction à l'histoire moderne*.

Epreuves en tirages à part.

460. RABELAIS. Suite complète du portrait et des 11 vignettes par Deveria, pour l'édition des *Œuvres*. Paris, Dalibon, 1823.

Epreuves sur Chine, AVANT la lettre, de format in-fol.
On y joint : 1° La suite complète des 16 eaux-fortes de *Bracquemond*, pour l'édition Lemerre, 1872, in-8. — 2° la suite complète des 17 figures d'après *B. Picard*, publiée par Léon Willem.

461. RACINE. Suite complète du portrait par Santerre, gravé par Gaucher et des 12 figures de Le Barbier, gravées par Gaucher, Romanet, Bacquoy, etc., pour les *Œuvres*, édition de Paris, Didot, an IV (1796), in-8.

On y a joint : 1° la suite complète du portrait de Racine et des 12 figures pour l'édition de *Paris, Garnier*, 1869-1877, épreuves sur CHINE AVANT LA LETTRE. — 2° 2 figures par *Garnier*, gravées par *Choffard* dont une avant la lettre, pour l'édition de *Paris, Le Normand*, 1808. — 3° 2 figures de *Moreau* épreuves à l'état d'eau-forte, pour l'édition projetée de 1795.

462. RÉGNIER. Six dessins originaux à la mine de plomb et à l'encre de Chine, par A. Baudet, pour les *Œuvres* de Régnier.

Portraits de M. Fréminet, marquis de Cœuvres, Nicolas Rapin, Jean Bertaut, de Béthune-Charost, et Ph. Hurault de Chiverny.

463. ROUSSEAU (J.-J.). Réunion de 51 frontispices, 1 portrait et de 44 figures par Moreau, Monnet, Le Barbier, etc., pour illustrer les *Œuvres*. Paris, Poinçot, 1788-1793, in-8.

40 des figures sont en épreuves avant la lettre.
On y joint : 7 figures de *Moreau* pour *La nouvelle Héloïse*, 3 portraits divers de Rousseau, une vue de son Tombeau à Ermenonville en 2 états : AVANT et avec la lettre.

464. ROUSSEAU (J.-J.). Réunion de 14 figures par Moreau, pour illustrer les *Œuvres* de J.-J. Rousseau, édition de Bruxelles, 1774-

83 et de 6 fig. de Cochin et Monsiau pour l'édition de Paris, 1793-1800, etc.

On y joint : une vue du tombeau de J.-J. Rousseau à Ermenonville, dessinée et gravée par *Moreau*. 1778, in-4 en largeur. — et 2 fig. de *Gravelot* pour *La nouvelle Héloïse*.

465. ROUSSEAU (J.-J.). Suite d'un portrait et de 28 figures de Marillier, gravées par De Launay, de Ghendt, Halbou, etc., pour *La nouvelle Héloïse, Emile*, etc.

Une figure est à l'état d'eau-forte.

466. ROUSSEAU (J.-J.). Réunion de 15 eaux-fortes diverses de *Ed. Hedouin*, pour illustrer les « Confessions ». Edition Jouaust.

Epreuves à l'état d'eau-forte, tirage sur Chine, sur peau de vélin, avant la lettre, pièces refusées, etc.

On y joint : 9 croquis originaux de Ed. Hédouin, au fusain pour les *Confessions* et *Manon Lescaut*.

467. SAINT-AUBIN. Réunion de 35 portraits divers, gravés par Saint-Aubin, in-8.

Mme de Maintenon, Racine, Molière, Ch. Le Brun, Mlle de La Vallière, Buffon, Corneille, Bossuet, Gluck, Newton (avant la lettre), etc., etc.

468. SAINT-AUBIN. Figures, fleurons, vignettes et culs-de-lampe. 37 pièces diverses pour illustrer : l'ouvrage de La Chau. *Attributs de Venus. L'ami des femmes*. Catalogues et divers ouvrages du XVIIIe siècle, etc., etc.

Quelques vignettes sont en tirages à part, ou avant la lettre.

469. SCOTT (Walter). Suite de 18 figures par A. et T. Johannot, gravées sur acier pour les *Œuvres*.

Epreuves sur Chine AVANT la lettre, tirées de format in-fol.

470. SCRIBE. Théâtre. Suite de 60 (sur 169), figures gravées sur cuivre par Blanchard, d'après les dessins de T. et A. Johannot, Gavarni, etc., pour l'édition de *Paris*, 1834-1842, in-8.

Epreuves sur Chine *avant* la lettre, tirées à deux sur la même feuille.

On y joint : 76 figures de la même suite, épreuves, avec la lettre.

471. TASSE. Suite complète des 2 frontispices avec portraits du Tasse et de Gravelot, des 20 vignettes-portraits et des 20 figures par Gravelot, pour l'édition de *La Jérusalem délivrée*. Paris, Musier, 1774, in-8.

Les vignettes-portraits sont en tirages à part, les figures sont coupées au cadre et remontées.

On y joint : 18 vignettes-portraits, tirages à part à toutes marges, 7 culs-de-lampe et 1 vignette également tirés à part, 1 titre et 15 figures le tout pour l'édition de 1774 et 4 figures de *Cochin* pour l'édition de Didot 1784.

472. VIGNETTES DE L'ÉPOQUE ROMANTIQUE. Réunion d'environ 225 gravures diverses.

2 figures de *Desenne* pour Walter Scott, épreuves à l'état d'eau-forte. — 3 figures de *Grandville*. — 16 figures diverses par *E. Leroux*, la plupart lithographiées. — 32 figures par *Corbould, T. Johannot, Deveria* en états divers, pour Sterne, les *Lettres à Emilie*, etc. — 6 figures de *Chasselat*, épreuves avant la lettre, pour le *Voyage sentimental*, suite complète du frontispice et des 10 figures de *T. Johannot*, pour le *Vicaire de Wakefield*, édition de Bourgueleret 1838. — Suite complète des 10 figures de *Leprince*, pour la *Henriade*, épreuves sur Chine avant la lettre. — Suite de 13 figures de *T. Johannot* pour C. Delavigne. — 70 figures pour Béranger. — 48 figures pour les *Petites misères de la Vie Humaine*.

473. VIGNETTES DU XVIIIe SIÈCLE, gravées par divers artistes d'après Borel, Desrais, Le Prince, Le Barbier, Monnet, Prudhon, Queverdo, etc., etc.

Réunion de 250 figures, vignettes, culs-de-lampe, etc., dont plusieurs à l'état d'eau-forte, avant la lettre, ou en tirage à part :

On y remarque la suite complète dite de Malapeau, pour le *Mariage de Figaro*, de Beaumarchais, des figures pour illustrer Florian, Dorat, *Don Quichotte*, Mad. Riccoboni, etc., etc.

474. VOLTAIRE. La Pucelle d'Orléans. Suite complète des 21 figures non signées, attribuées à Gravelot, pour l'édition de *La Pucelle d'Orléans*, de Genève, Cramer, 1762, in-8.

Suite non rognée à laquelle on y a joint : 1° 13 figures doubles de la même suite. — 2° un portrait de Jeanne d'Arc gravé par *Delvaux*. — 3° 1 figure par *Cochin* gravée par *Prévost*. — 4° la suite complète du frontispice et des 21 figures de *Duplessi-Bertaux* pour l'édition de Leclère, tirées sur peau de vélin. — 5° le frontispice de l'édition ancienne (Cazin 1780).

475. VOLTAIRE. Suite complète de 113 figures par Moreau, gravées par Coiny, Croutelle, Delvaux, de Ghendt, etc., pour illustrer les *œuvres*, édition Renouard, in-8.

Seconde suite de Moreau, publiée par Renouard à laquelle on a ajouté 47 portraits, la plupart gravés par St-Aubin. En tout 160 pièces, non rognées.

476. VOLTAIRE. Suite de 38 figures, gravées par Martinet et Chatelin, réduction des figures de Gravelot, pour le *Théâtre*, édition de Genève, 1775, in-8. — Suite de 1 portrait de Gravelot et 33 figures, réduction des précédentes, pour l'édition de 1785, in-12. — Suite de 14 figures, gravées par *De Longueil*, d'après *Gravelot*.

On y joint : 1° 18 figures de *Gravelot*, pour l'édition des Œuvres de Voltaire. *Genève, les frères Cramer*, 1768, in-4, la figure du *Temple de la Gloire*, est en 2 états, dont l'eau-forte. — 2° 1 figure d'*Eisen* pour la Henriade. — 3° le texte de la loi relative à la translation du corps de Voltaire à Ste-Geneviève.

3. — OUVRAGES RELATIFS AU THÉATRE. — PIÈCES DRAMATIQUES

477. AICARD (Jean). Théâtre, 4 vol. in-8 et 2 vol. in-12. — Ens. 6 vol. brochés.

Au clair de la Lune. *Lemerre*, 1870. — Mascarille. *Id.*, 1873. — Othello ou le more de Venise. *G. Charpentier*, 1882. — Smilis, drame. *Ollendorff*, 1884. — Dans le Guignol, prologue. *E. Dentu*, 1889. — Le père Lebonnard, drame. *E. Dentu*, 1889.
Éditions originales.

478. ANICET-BOURGEOIS. La Vénitienne, drame en cinq actes, dédié à Alexandre Dumas. *Paris, J.-N. Barba*, 1834, in-8, lithog. d'Arago, broché.

Édition originale.

479. ARNAL. Epître en vers à Bouffé, artiste du théâtre du Gymnase. *Paris, chez Tresse*, 1840, in-8, cartonn. demi-toile verte, non rogné (*Couvert.*).

Édition originale.
Exemplaire avec envoi autographe à Sainval, et auquel on a ajouté : 1° un titre et un faux-titre avec envoi autographe de Arnal à Dumersan ; 2° la copie d'une épître de Dumersan envoyée par lui à Arnal et 6 portraits lithographiés d'Arnal et de Bouffé.

480. ARVERS (Félix). La Course au clocher, comédie en trois actes en vers. *Paris, Bezou*, 1839, in-8, broché.

Édition originale.

481. AUGER (Hippolyte). Physiologie du théâtre. *Bruxelles, Méline, Caus et Cie*, 1840, 2 vol. in-18, cartonn. demi-toile rouge, non rognés (*Couvert.*).

482. AUGIER (Emile). Théâtre complet. *Paris, Calmann-Lévy*, 1877, 6 vol. — Œuvres diverses. *Paris, Calmann-Lévy*, 1878. — Ens. 7 vol.-in-12 brochés.

Exemplaire sur papier de Hollande.
Le tome III de l'édition sur papier de Hollande présente une différence avec celui du papier ordinaire ; il contient en plus : *Sapho*.

483. AUGIER (Emile). Théâtre, 18 vol. in-12, brochés la plupart en éditions originales.

La Ciguë, 1844. — Un Homme de bien, 1845. — Gabrielle, 1850. — Le Joueur de flûte, 1851. — La Chasse au roman, 1851. — Sapho, opéra, 1851. — Diane, drame, 1852. — Les Méprises de l'amour, 1852 (2 exempl.). — La Pierre de touche, 1854. — Ceinture dorée, 1855. — Les Lionnes pauvres, 1858. — La Jeunesse, 1858. — Un beau mariage, 1859. — Le Post-scriptum, 1859. — Le Mariage d'Olympe, 1859. — L'Aventurière, 1873. — Le prix Martin, 1876.

484. AUGIER (Emile). Théâtre. *Paris, Michel Lévy*, 1861-1878, 9 vol. in-8, dont 3 vol. cartonn. demi-toile verte et les autres brochés.

Les Effrontés, comédie, 1861. — Le Fils de Giboyer, 1863. — Maître Guérin, 1865. — La Contagion, 1866. — Paul Forestier, 1868. — Jean de Thommeray, 1874. — Lions et renards, 1870. — Madame Caverlet, 1876. — Les Fourchambault, 1878.

Editions originales.

On y a joint :

Compte rendu de débats judiciaires à l'occasion de la représentation du fils de Giboyer à Toulouse. *E. Dentu*, 1863. — Ferrière (Emile). Défense du fils de Giboyer. *Id.*, 1863. — Portelette (Constant). Le doigté de Giboyer. *Juteau*, 1863. — Rainneville (Joseph de). Lettre d'un gentilhomme à M. Emile Augier. *Frédéric Henry*, 1862. — Vanssay (Henry de). Le fils de Giboyer et l'Académie française. *E. Dentu*, 1863. — M. Veuillot et Giboyer, lettre. *Id.*, 1863. — Le Tour de France du fils de Giboyer. *Gosselin*, 1864. — Le Fils de Gibaugier ou je suis son père, 1863. — Ens. 8 vol. et plaquettes.

485. BALZAC. Théâtre du Panthéon. César Birotteau, drame-vaudeville en trois actes imité du roman de M. de Balzac par M. Cormon. *Paris*, 1838, in-4, cartonn. dos et coins toile, non rogné.

Manuscrit portant l'autorisation de représenter la pièce, signée du chef de division des Beaux-Arts au Ministère de l'Intérieur.

486. BALZAC, Vautrin, drame en cinq actes, en prose. *Paris, Delloye*, 1840, in-8, cartonn., dos et coins toile rouge, non rogné (*Couvert.*).

Edition originale.

La couverture porte la date de 1860.

487. BALZAC. Les Ressources de Quinola, comédie en cinq actes, en prose, et précédée d'un prologue par M. de Balzac. *Paris, Hyppolite Souverain*, 1842, in-8, dos et coins toile grenat, non rogné (*Couvert.*).

Edition originale.

488. BALZAC. Mercadet, comédie en trois actes et en prose. *Librairie théâtrale*, 1851 (*Ed. orig.*). — Le Lys dans la vallée, drame en cinq actes d'après le roman de H. de Balzac par MM. Th. Barrière et A. de Beauplan. *Michel Lévy*, 1853. — Les Treize, drame en cinq actes, six tableaux, tiré du roman de H. de Balzac par MM. Ferd. Dugué et G. Peaucellier. *Id.*, 1868. — Ens. 3 pièces in-12, brochées.

489. BANVILLE (Théodore de). Théâtre, 11 plaquettes in-12, brochées.

Le beau Léandre, comédie en un acte en vers. *Lévy*, 1856. — Les

Fourberies de Nérine, comédie en un acte en vers. *Id.*, 1864. — Diane au bois, comédie en deux actes. *Id.*, 1864. — La Pomme, comédie en un acte. *Id.*, 1865. — Gringoire, comédie en un acte. *Id.*, 1866. — Florise, comédie. *Lemerre*, 1870. — Adieu, scène lyrique. *Id.*, 1871. — Deïdamia, comédie en trois actes. *Id.*, 1876. — Le Messager, prologue d'ouverture dit par M. Porel. *Michaud*, 1880. — Riquet à la Houppe, comédie féerique. *Charpentier*, 1884, fig. de Rochegrosse. — Le Baiser, comédie. *Id.*, 1888, fig. de Rochegrosse.
Editions originales.

490. BARRIÈRE (Th.), GONDINET et PLOUVIER, etc. Théâtre, 33 vol. in-12, brochés.

33 pièces, la plupart en éditions originales.

491. BEAUMARCHAIS. La folle Journée ou le mariage de Figaro, comédie en cinq actes, en prose. *De l'Imp. de la Société typographique (Kehl) et se trouve à Paris, chez Ruault*, 1785, gr. in-8, broché.

5 figures par *Saint-Quentin*, gravées par *Halbou*, *Lienard* et *Lingée*.
Exemplaire non rogné, imprimé sur grand papier vélin ; il contient l'errata et on y a ajouté la suite des 5 figures dite de *Malapeau* et un portrait de Beaumarchais, gravé par *Saint-Aubin* d'après *Cochin*.

492. BECQUE (Henri). Théâtre, 1 vol. in-8 et 4 vol. in-12. — Ens. 5 vol. brochés.

L'Enfant prodigue. *Michel-Lévy*, 1869. — La Navette, comédie en un acte. *Tresse*, 1878. — Les honnêtes femmes. *Id.*, 1880. — Les Corbeaux, pièce en quatre actes. *Id.*, 1882. — La Parisienne, comédie. *Calmann-Lévy*, 1885.
Editions originales.

493. BIBLIOTHÈQUE DU THÉATRE FRANÇAIS depuis son origine, contenant un extrait de tous les ouvrages composés pour ce théâtre, depuis les mystères jusqu'aux pièces de Pierre Corneille par (La Vallière et Marin de La Ciotat). *A Dresde, chez Michel Groell*, 1768, 3 vol. in-8, veau marb., fil., tr. marb. (*Rel. anc.*).

3 front. par *Cochin*, gravés par *Massard*, *de Launay*.

494. BIS (Hippolyte). Attila, tragédie en cinq actes. *Paris, Bechet*, 1822, lithog. — Blanche d'Aquitaine ou le dernier des Carlovingiens, tragédie en cinq actes. *Paris, L. Tenré*, 1827, lith. de A. de Pujol. — Lothaire, tragédie en trois actes. *Paris, chez Pillet*, 1817. — Ens. 3 pièces en 1 vol. in-8, veau fauve, plats ornés à froid, dos orné, tr. marb.

Editions originales sauf pour *Attila*.
Sur le premier plat de la reliure se trouve l'inscription : *A M. de Cheppe, souvenir de l'auteur*, 1839.

495. BORNIER (Henri de). Théâtre, 2 vol. in-8, et 2 vol. in-12. — Ens. 4 vol. brochés.

Dante et Béatrix, drame. *Michel Lévy*, 1853. — Agamemnon, tragé-

die. *Id.*, 1868. — La Fille de Roland, drame. *E. Dentu*, 1875. — Mahomet, drame. *Id.*, 1890.
ÉDITIONS ORIGINALES.

496. BOUILHET (Louis). Théâtre, 4 vol. in-12, brochés.

Madame de Montarcy, drame, 1856. — Hélène Peyron, drame. *A. Taride*, 1858. — Dolorès, drame. *Michel Lévy*, 1863. — Mademoiselle Aïssé, drame. *Id.*, 1872.
ÉDITIONS ORIGINALES.

497. BROHAN (Mlle Augustine). Théâtre, 2 vol. in-8, dont un vol. cartonn. et 2 vol. in-12, brochés. — Ens. 4 vol.

Il faut toujours en venir là, proverbe. *S. l. n. d.* (2 exemp. dont 1 avec envoi). — Compter sans son hôte. *Perrotin*, 1849. — Les Métamorphoses de l'amour. *Michel Lévy*, 1851.
ÉDITIONS ORIGINALES, sauf la dernière pièce.

498. CLARETIE (Jules). Théâtre, 2 vol. in-8 et 2 vol. in-12. — Ens. 4 vol. brochés.

Raymond Lindey, drame. *Michel Lévy*, 1870 (envoi de l'auteur). — Les Muscadins, drame. *E. Dentu*, 1875. — Monsieur le Ministre. *Id.*, 1883. — Le Prince Zilah. *Id.*, 1885.
ÉDITIONS ORIGINALES.

499. COLLECTION MOLIERESQUE (de la). *Genève, chez J. Gay et fils*, 1868, 4 vol. in-12, en feuilles dans des cartons.

La Guerre comique ou la défense de l'Ecole des femmes. — Joguenet ou les vieillards dupés, comédie en trois actes par Molière. — Les véritables Prétieuses. — La fameuse comédienne ou histoire de la Guérin auparavant femme et veuve de Molière.
Un des 2 exemplaires imprimés sur PEAU DE VÉLIN.

500. COPPÉE (François). Théâtre et poésies. *Paris, Alphonse Lemerre*, 1869-1885, 17 vol. in-12, brochés et trois vol. in-12, cartonn. demi-toile verte. — Ens. 20 vol.

La Grève des forgerons, poème, 1869 (*sur Chine*). — Deux douleurs, drame, 1870. — Lettre d'un mobile breton, 1870. — Fais ce que dois, épisode dramatique, 1871 (2 exemplaires). — L'Abandonnée, drame, 1871 (*sur Chine*). — Le Cahier rouge, poésies, 1874. — Une Idylle pendant le siège, 1874. — Prologue d'ouverture pour les matinées littérairaires et musicales de la Gaîté, 1875. — Olivier, poème, 1876. — La Guerre de cent ans, drame en cinq actes, 1878. — La Bataille d'Hernani, poésie, 1880. — La Maison de Molière, poésie, 1880. — L'Epave, poème, 1880. — Le Trésor, comédie, 1880. — La Marchande de journaux, 1880. — Madame de Maintenon, drame, 1881. — Severo Torelli, drame, 1883. — Les Jacobites, drame, 1885.
ÉDITIONS ORIGINALES.

501. CORNEILLE (P.). Théâtre de P. Corneille avec les commentaires de Voltaire. *A Paris, de l'imprimerie de P. Didot l'aîné*, 1795-1796, 10 vol., gr. in-4, brochés.

De la « *Collection des auteurs classiques françois et latins* ».
Exemplaire NON ROGNÉ.

502. CORNEILLE (P.). Œuvres. Nouvelle édition revue sur les plus anciennes impressions et les autographes et augmentée de morceaux inédits, de variantes, de notices, de notes, d'un lexique des mots et locutions remarquables, d'un portrait, d'un fac-simile, etc., par M. Ch. Marty-Laveaux. *Paris, Hachette et Cie*, 1862-1868, 12 vol. et album in-8, brochés.

De la collection *Les Grands écrivains de la France*.
Un des 150 exemplaires (n° 97) imprimés sur PAPIER GRAND RAISIN VÉLIN.

503. COSTUMES DE THÉATRE. Réunion d'environ 260 planches diverses, la plupart lithographiées, extraites du « *Monde dramatique* », de « *l'Artiste* », de la « *Galerie des artistes dramatiques de Paris* », etc., etc.

Nombreux portraits d'artistes, scènes de théâtre ; on remarque dans cette collection 64 pièces gravées et coloriées, publiées par Martinet et Hautecœur.
On y joint : 4 aquarelles représentant des danseuses.

504. CRÉBILLON. Œuvres complettes. Nouvelle édition augmentée et ornée de belles gravures. *A Paris, chez les libraires associés*, 1785, 3 vol. in-8, veau racine, fil., tr. jasp. (*Rel. anc.*).

1 portrait par *Marillier* d'après *La Tour*, gravé par *Ingouf* et 9 figures par *Marillier*, gravées par *Dambrun, Duponchel, Ingouf jeune*, etc.

505. CRÉBILLON. Œuvres complettes. Nouvelle édition augmentée et ornée de belles gravures. *A Paris, chez les libraires associés*, 1785, 3 vol. in-8, veau racine, pet. dent., dos orné, dent. int., tr. dor. (*Rel. anc.*).

Exemplaire contenant les figures de *Marillier* en deuxième état d'épreuves AVANT la lettre, avec le titre de la pièce en haut de chaque figure.

506. DAUDET (Alphonse). Théâtre. 2 vol. in-8 et 6 vol. in-12. — Ens. 8 vol. brochés.

Les Absents, opéra-comique. *Michel Lévy*, 1865. — L'Œillet blanc. *Id.*, 1865. — Le Frère aîné. *Id.*, 1868. — Lise Tavernier. *E. Dentu*, 1872. — Les Rois en exil. *Id.*, 1884. — Numa Roumestan. *Lemerre*, 1890. — La Lutte pour la vie. *Calmann Lévy*, 1890. — Sapho. *Charpentier*, 1893.
ÉDITIONS ORIGINALES.

507. DELAVIGNE (Casimir). Théâtre. 5 vol. in-8, dos et coins cartonn. toile bleue et 5 vol. in-8, brochés. — Ens. 10 vol.

Les Vêpres siciliennes, tragédie en cinq actes. *Barba*, 1819, fig. — L'Ecole des vieillards, comédie en cinq actes. *Id.*, 1823. — La princesse Aurélie, comédie. *Id.*, 1828. — Marino Faliero. *Id.*, 1829. — Les Enfants d'Edouard, tragédie. *Ladvocat*, 1833. — Louis XI, tragédie. *Barba*, 1832, 3 fig. ajoutées. — Don Juan d'Autriche ou la vocation,

comédie. *Id.*, 1846. — Une Famille au temps de Luther, tragédie. *Id.*, 1836. — La Popularité, comédie. *Delloye*, 1839. — La Fille du Cid, tragédie. *Ch. Tresse*, 1840.
Éditions originales.

508. DESNOYERS (Fernand). Le Bras noir, pantomime en vers, dessin d'après Courbet. *Paris, Librairie théâtrale*, 1859. — Le Théâtre de Polichinelle, prologue en vers. *Paris, Poulet-Malassis et de Broise*, 1861. Ens. 2 plaquettes in-12, brochées.

Editions originales.

509. DOUCET (Camille). Comédies en vers. *Paris, Michel Lévy frères*, 1858, 2 vol. in-8, demi-mar., bleu clair, non rognés.

Première édition collective. Envoi autographe de l'auteur à Monsieur Villemain sur le faux-titre du premier volume.

510. DRAMES ET TRAGÉDIES. 4 vol. in-8, dos et coins mar., fil. tête dor., ébarbés.

Dinaux. Richard Darlington, drame en trois actes. *Barba*, 1832. — Dugué (Ferdinand). Castille et Léon, drame. *Renduel*, 1838 (*Couvert.*). — Maturin (R.-C.). Bertram ou le château de Saint-Aldobrand, tragédie trad. par Taylor et Ch. Nodier. *Gide*, 1821. — Smits (Ed.). Elfrida ou la vengeance, tragédie en cinq actes. *Barba*, 1825 (*Couvert.*).
Editions originales.

511. DUMAS (Alexandre). Henri III et sa cour; drame historique en cinq actes et en prose. *Paris, Vezard et Cie*, 1829, in-8, dos et coins chag. grenat, ébarbé, couvert. (*Champs*).

Edition originale.

512. DUMAS (Alexandre). Stockholm, Fontainebleau et Rome, trilogie dramatique sur la vie de Christine ; cinq actes en vers avec prologue et épilogue. *Paris, Barba*, 1830, front. lithog., in-8, cartonn., papier, non rogné.

Édition originale.
Sur le titre, envoi autographe de l'auteur.

513. DUMAS (Alexandre). Antony, drame en cinq actes, en prose. *Paris, Auguste Auffray*, 1831, in-8, cartonn., dos et coins toile rouge.

Édition originale.

514. DUMAS (Alexandre). Angèle, drame en cinq actes. *Paris, Charpentier*, 1834, in-8, front. à l'eau-forte de Célestin Nanteuil, cartonn. demi-toile verte.

Édition originale.

515. DUMAS (Alexandre). Don Juan de Marana, ou la chute d'un

ange, mystère en cinq actes. *Paris, Marchant,* 1836, in-8, cartonn. dos et coins mar. grenat, non rogné (*Carayon*).

Édition originale.
Exemplaire auquel on a ajouté une jolie eau-forte par *Célestin Nanteuil,* tirée sur papier de Chine.

516. DUMAS (Alexandre). Kean, comédie en cinq actes. *Paris, J.-B. Barba,* 1836, in-8, broché.

Édition originale.

517. DUMAS (Alexandre). Caligula, tragédie en cinq actes et en vers avec un prologue. *Paris, Marchant,* 1838, in-8, dos et coins cartonn. toile rouge, ébarbé (*Couvert.*).

Edition originale.

518. DUMAS (Alexandre). L'Alchimiste, drame en cinq actes, en vers. *Paris, Dumont,* 1839, in-8, broché (*Couvert. défraîchie*).

Édition originale.
Exemplaire imprimé sur papier rose.

519. DUMAS (Alexandre) et PAUL MEURICE. Hamlet, prince de Danemark, drame en cinq actes, en vers. *Paris, Calmann Lévy,* 1886, in-8, broché.

Édition originale.
Un des 15 exemplaires (n° 11) imprimés sur papier du Japon.

520. DUMAS (Alexandre). Théâtre. 25 vol. in-8 et in-12 brochés, la plupart en éditions originales.

Napoléon Bonaparte, drame. *Tournachon,* 1831. — Piquillo, opéra-comique. *Marchant,* 1837. — Le Camp des croisés. *Barba,* 1838. — Un Mariage sous Louis XV. *Marchant,* 1841. — La Traite des blancs, par Aimé Bourdon, dédiée à la Maison Alex. Dumas et Cie. *Edmond Albert,* 1845. — La Reine Margot. *Id.,* 1847. — Le Chevalier de Maison-Rouge. *Id.,* 1847, 2e édit. — La Reine Margot, parodie. *Id.,* 1847. — Intrigue et amour. *Id.,* 1847. — Catilina, drame. *Id.,* 1848. — La Conscience, drame. *Taride,* 1854. — Le Marbrier. *Michel Lévy,* 1854. — Romulus, comédie. *Librairie théâtrale,* 1854. — L'Orestie, tragédie. *Id.,* 1856. — L'Invitation à la valse. *Beck,* 1857. — L'Honneur est satisfait. *Librairie théâtrale,* 1858. — Le Gentilhomme de la montagne. *Michel Lévy,* 1860. — Le Roman d'Elvire. *Id.,* 1860. — L'Envers d'une conspiration. *Id.,* 1860. — La Dame de Monsoreau. *Id.,* 1861. — La Jeunesse des mousquetaires. *Id.,* 1864. — Les Mohicans de Paris. *Id.,* 1864. — Gabriel Lambert. *Id.,* 1866. — Madame de Chamblay. *Id.,* 1869.

On y a joint : Parran. Petrus Borel. — Alexandre Dumas. *Alais,* 1881, in-8. — Le Critique Jules Janin et le dramaturge Alexandre Dumas. *Paris,* 1843, in-12.

521. DUMAS FILS (Alexandre). La Femme de Claude, pièce avec

préface. *Paris, Michel Lévy*, 1873, in-8, dos et coins mar. rouge, tête dor.

Édition originale. Un des 25 exemplaires (n° 22) imprimés sur papier de Hollande.
Sur le faux-titre, envoi autographe de l'auteur.

522. DUMAS FILS (Alexandre). L'Étrangère, comédie en cinq actes. *Paris, Calmann Lévy*, 1877, in-8, mar. vert, jans., tête dor., non rogné (*Pagnant*).

Edition originale.
Un des 5 exemplaires (n° 2) imprimés sur papier de Chine : avec envoi autographe de l'auteur « *à mademoiselle Julie Feyghine* ».
La « Vierge du mal ».

A. Dumas fils.
Janvier 1882.

523. DUMAS FILS (Alexandre). Denise, pièce en quatre actes. *Paris, Calmann Lévy*, 1885, gr. in-8, broché.

Édition originale.
Un des 75 exemplaires (n° 52) imprimés sur papier de Hollande.

524. DUMAS FILS (Alexandre). Théâtre complet, 7 séries. *Paris, Michel Lévy frères*, 1868-1892, 7 vol. — Entr'actes, 3 séries. *Paris, Calmann Lévy*, 1878-1879, 3 vol. — Ens. 10 vol. in-12, dos et coins mar. rouge, tête marbr., non rognés.

Première édition collective du *Théâtre*, sauf le cinquième volume qui est en troisième édition.
Le Bijou de la Reine se trouve ici (au premier volume) en édition originale.
Envoi autographe de l'auteur, à Amédée Achard, sur le faux-titre du premier volume.

525. DUMAS FILS (Alexandre). Théâtre et écrits divers, 17 vol. in-8 et in-12, brochés, couvert., la plupart en éditions originales.

L'Ami des femmes, comédie, 1864. — La Princesse de Bagdad, pièce en trois actes, 1881. — La Princesse Georges, pièce en trois actes, 1872. — Francillon, pièce en trois actes. — Histoire du supplice d'une femme, 1865. — Affaire Clémenceau ; mémoire de l'accusé, 1866. — Les Madeleines repenties, 1869. — L'Homme-femme, 1872. — Un Père prodigue, comédie en cinq actes, 1859. — Le Fils naturel, comédie en cinq actes, 1858. — Diane de Lys, comédie en cinq actes, 1853. — La Dame aux Camélias, 1852. — La Question d'argent, comédie en cinq actes, 1857. — Artois (A. d'). L'Affaire Clémenceau, pièce en cinq actes, 1890. — Vicomtesse de Chastillon (La). Réponse à Diane de Lys, comédie en quatre actes, 1854. — Jalin (G. de) [A. Dumas fils]. Le Filleul de Pompignac, comédie en quatre actes, 1869. — La Comtesse Romani, comédie en trois actes, 1877.

526. DURANTY. Théâtre des marionnettes. Texte et composition

des dessins par Duranty. *Paris, G. Charpentier*, 1880, gr. in-8, cartonn., dos et coins toile bleue, non rogné (*Couvert.*).

Nombreuses gravures sur bois et coloriées.

527. FEBVRE (F.) et T. JOHNSON. Album de la Comédie française. *Londres, Viard, s. d.*, in-fol. en feuilles dans le carton de l'éditeur.

Un des 20 exemplaires sur papier vélin.

528. FENOUILLOT DE FALBAIRE DE QUINGEY. Œuvres. *Paris, chez la veuve Duchesne*, 1787, 2 vol. in-8, figures, demi-rel. veau, dos orné, tr. jaunes (*Rel. de l'époque*).

Un portrait par *Cochin*, gravé par *Saint-Aubin*, et 13 figures de *Gravelot*, gravées par *Binst, Le Vasseur, de Launay*, etc.
Cohen ne signale que 12 figures.

529. FERRIOL (Antoine), marquis de Pont-de-Veyle. Le Fat puni, comédie avec un divertissement... *A Paris, chez Prault*, 1738, in-8, mar. La Vall., jans., dent. int., tr. vertes.

1 fleuron sur le titre et 1 figure par *Trémolières*, gravés par *Fessard*.

530. FEUILLET (Octave). Théâtre, 18 vol. in-12, dont un demi-toile verte et les autres brochés.

Un Bourgeois de Rome. *Paul Masgana*, 1845. — La Vieillesse de Richelieu. *Michel Lévy*, 1848. — La Crise. *Id.*, 1854. — Péril en la demeure. *Id.*, 1855. — Le Village. *Id.*, 1856. — Le Roman d'un jeune homme pauvre. *Id.*, 1859. — Le Cheveu blanc. *Id.*, 1860. — La Tentation. *Id.*, 1860. — Le Village. *Id.*, 1860. — Rédemption. *Id.*, 1860. — Rédemption. *Id.*, 1861. — Montjoye, comédie. *Id.*, 1864. — La Belle au bois dormant. *Id.*, 1865. — Le Cas de conscience. *Id.*, 1867. — Julie, drame. *Id.*, 1869. — L'Acrobate. *Id.*, 1873. — Un Roman parisien. *Calmann Lévy*, 1883 (PAP. DE HOLLANDE). — Chamillac. *Id.*, 1889.
ÉDITIONS ORIGINALES, sauf *le Village*.

531. FLAUBERT (Gustave). Le Candidat, comédie en quatre actes. *Paris, Charpentier et Cie*, 1874, in-16, broché.

ÉDITION ORIGINALE.

532. FORNERET (Xavier). Vingt-trois trente-cinq, comédie drame en un acte. *Paris, J.-N. Barba*, 1835, in-8, dos et coins chag. rouge, fil., tête dor., ébarbé (*Couvert.*).

EDITION ORIGINALE.

533. FOURCAUD. Figures d'artistes, Léontine Beauregard ; avec un portrait gravé à l'eau-forte par Eugène Abot. *Paris, Paul Ollendorff*, 1881, in-8, texte encadré, broché.

Un des 14 exemplaires (n° 5) imprimés sur PAPIER DU JAPON.

534. FOURNIER (Edouard). Théâtre. Un vol. in-8 et 3 vol. in-12 brochés.

Le Roman du village. *Librairie nouvelle*, 1853. — La Charmeuse, opéra. *Michel Lévy*, 1858. — L'Hôtesse de Virgile. *E. Dentu*, 1859. — Corneille à la butte Saint-Roch. *Id.*, 1862. — Le Paradis trouvé. *Id.*, 1862. — La Fille de Molière. *Id.*, 1863. — Racine à Uzès. *Id.*, 1865. — Gutenberg, drame. *Id.*, 1869. — La vraie farce de Maître Pathelin. *Librairie des bibliophiles*, 1873.

EDITIONS ORIGINALES, sauf pour la dernière pièce.

535. GAUTIER (Théophile). Théâtre. 4 vol. in-8, brochés, et un vol. dos et coins cartonn. toile grise.

Regardez, mais ne touchez pas. *Michel Lévy*, 1847 (2 exemp.). — Théâtre de poche. *Librairie nouvelle*, 1855. — Le Capitaine Fracasse, pièce de Catulle Mendès. *Alphonse Leduc*, 1878. — Le Capitaine Fracasse, comédie par Emile Bergerat. *Charpentier*, 1890.

EDITIONS ORIGINALES.

536. GHERARDI. Le Théâtre italien ou le recueil général de toutes les comédies et scènes françoises jouées par les comédiens italiens du roi pendant tout le temps qu'ils ont été au service. *A Paris, chez Briasson*, 1741, 6 vol. in-12, veau marb., dos orné, tr. rouges (*Rel. anc.*).

1 portrait et 57 figures non signées; airs gravés.

537. GIRARDIN (Émile de). Théâtre. *Michel Lévy*, 3 vol. in-8 et 3 vol. in-12. Ens. 6 vol. brochés, la plupart en éditions originales.

Le Malheur d'être belle. 1866. — L'Homme et la femme. 1872. — Les trois amants. 1873. — Les trois amants. 1873 (2e *éd.*). — Les deux sœurs, drame. 1865. — Le Supplice d'une femme, drame. 1865.

538. GIRARDIN (Mme Émile de). Théâtre. 2 vol. in-8, dont un vol. demi-toile bleue et 5 vol. in-12 brochés.

L'Ecole des journalistes. *Dumont*, 1839. — C'est la faute du mari. *Michel Lévy*, 1851. — Lady Tartufe. *Id.*, 1853. — Le Chapeau d'un horloger. *Id.*, 1855. — Judith. *Librairie nouvelle*, 1856. — Une Femme qui déteste son mari. *Michel Lévy*, 1856. — La Joie fait peur. *Id.*, 1863.

EDITIONS ORIGINALES, sauf *Judith* et *la Joie fait peur*.

539. GLATIGNY (Albert). Théâtre. *Paris*, 1867-1873, 4 plaq. in-12, dont 1 demi-toile jaune et les autres brochées.

Prologue représenté pour l'ouverture du théâtre des « Délassements comiques ». *A. Lemerre*, 1867. — Vers les saules. *Id.*, 1870. — Le Compliment de Molière. *Id.*, 1872. — L'illustre Brizacier. *Id.*, 1873.

EDITIONS ORIGINALES.

540. GONCOURT (Edm. et J.). Théâtre. Un vol. gr. in-8, demi-toile bleue, 2 vol. in-12 brochés.

Henriette Maréchal, drame. *A. Lacroix*, 1866. — La Patrie en danger, drame. *Charpentier*, 1889. — Germinie Lacerteux. *Id.*, 1889.

Editions originales.

On y a joint : La Lorette, avec un dessin de Gavarni. *Paris, Charpentier*, 1883, in-12 (papier de Holl.).

541. GONDINET (Edmond). Théâtre. 30 vol. in-12 brochés.

30 pièces, la plupart en éditions originales.

542. GOUFFÉ (Armand). Théâtre. Recueil factice de 34 pièces en 2 vol. in-8, demi-rel. bas. grenat, non rognés.

Recueil de pièces, publiées de 1794 à 1824, avec titre général et table manuscrite à chaque volume.

543. HERVILLY (Ernest d'). Comédies en éditions originales. 4 vol. in-12 brochés (*Couvert.*).

Le Malade réel. *Lemerre*, 1874, avec une longue note autographe de l'auteur dans laquelle il dit que cet à-propos est sa première œuvre dramatique représentée sur un théâtre par des acteurs de profession. — Le Docteur sans pareil. *Lemerre*, 1875. — La Belle Saïnara. *Lemerre*, 1876. On y a joint une lettre autographe et un dessin original, à la mine de plomb, de Ernest d'Hervilly. — La Vénus d'Anatole, monocoquelogue dit par Coquelin Cadet. *Kistemaeckers*, 1883, portrait de Coquelin Cadet par *Descaves*, avec un quatrain autographe de E. d'Hervilly à Coquelin Cadet.

544. HOCHE (L.). Toquemalade, parodie méli-mêlo-drame a-tics médicinaux, par Ose-trop-Goth (L. Hoche). *Paris, chez un marchand de... et pour les amateurs de... romantiques, à l'aube du vingtième siècle* (1882), in-8, broché (*Couvert. illust.*).

Un des 10 exemplaires (n° 6) imprimés sur papier du Japon contenant un tirage a part des vignettes du texte.

545. HUGO (Victor). Les Burgraves, trilogie. *Paris, E. Michaud*, 1843. — Torquemada, drame. *Paris, Calmann Lévy*, 1882. — Ens. 2 vol. in-8, brochés.

Editions originales.

546. LABICHE (Eugène). Théâtre complet, avec une préface par Emile Augier. *Paris, Calmann-Lévy*, 1878-1879, 10 vol. in-12, brochés.

Première édition collective.
Un des 20 exemplaires imprimés sur papier de Hollande.

547. LEMAITRE (Jules). Révoltée, pièce en quatre actes. *Paris, Calmann Lévy*, 1889 (*Ed. orig.*). Un des 20 exemplaires sur papier de Hollande. — Révoltée, pièce en quatre actes. *Id.*, 1895. — Ens. 2 vol. in-12, brochés.

548. LEMERCIER DE NEUVILLE (L.). Théâtre des Pupazzi. *Lyon, N. Scheuring*, 1876, in-8, dos et coins mar. bleu, tête dor., non rogné, couvert. (*Noulhac*).

Couverture illustrée d'une eau-forte par *Lalauze*, portrait de l'auteur par *Fugère*. Chacune des pièces est ornée en tête d'une eau-forte.

549. LE THÉATRE. Du 1er Avril 1902 au 11 Novembre 1907 inclus. *Paris*, 1902-1907, 135 fascicules in-4 brochés.

Nombreuses illustrations dans le texte et hors texte.

550. MALLEFILLE (Félicien). Les sept infans de Lara. *Paris, Hippolyte Souverain*, 1836, in-8, front., dos et coins cartonn. toile bleue, non rogné (*Couvert.*).

Édition originale.
Envoi de l'auteur sur le faux-titre.

551. MASSA (Philippe de). Théâtre. 5 vol. in-12, dont un cartonn., dos et coins papier japonais et les autres brochés.

Entre nous, revue intime en trois actes. *Dupont*, 1878 (envoi de l'auteur). — Un Club de femmes, comédie en un acte. *Jouaust*, 1879. — Coopérative, revue en trois actes dont un prologue. *Motteroz*, 1882. — Paris-Auteuil, revue en un acte. *Jouaust*, 1883. — Le Cœur de Paris, revue en un acte. *Dupret*, 1887.
Éditions originales.

552. MAUPASSANT (Guy de). Musotte. *Paris, Paul Ollendorff*, 1891. — La Paix du ménage, comédie. *Ibid.*, *Id.*, 1893. Ens. 2 vol. in-12, brochés.

Éditions originales; la première pièce est imprimée sur papier de Hollande.

553. MEILHAC (Henry) et HALÉVY (Ludovic). Théâtre. 58 vol. in-12 brochés.

58 pièces, la plupart en édition originale.

554. MERCIER. Théâtre complet. Nouvelle édition avec de très belles figures en taille-douce. *A Amsterdam et à Leide*, 1778-1784, 4 vol. gr. in-8, dos et coins veau fauve, non rognés (*Rel. anc.*).

14 figures par *Fritzius*, *Hulk* et *Godin*, ou non signées, la plupart copiées d'après *Marillier*.

555. MÉRY. Théâtre. 9 vol. in-12, brochés.

Le Chariot d'enfant. *D. Giraud*, 1850. — Le Sage et le fou. *Michel Lévy*, 1852. — L'Imagier de Harlem. *Marchant*, 1852. — Gusman le brave. *Id.*, 1853. — L'Essai du mariage. *Librairie nouvelle*, 1855. — Frère et sœur. *Michel Lévy*, 1855. — Les deux Frontins. *Id.*, 1858.— Herculanum. *Id.*, 1859. — Etre présenté. *Id.*, 1862.

556. MOLIÈRE. Œuvres. Nouvelle édition revue sur les plus anciennes impressions et augmentée des variantes, de notices, de notes, d'un lexique des mots et locutions remarquables, d'un portrait, de fac-simile, etc., par M. Eugène Despois. *Paris, Hachette et Cie*, 1873-1900, 13 vol. et album in-8, brochés.

De la collection *Les Grands écrivains de la France*.
Un des 200 exemplaires (n° 106) imprimés sur papier grand raisin vélin.

557. MOLIÈRE. Œuvres complètes revues sur les textes originaux par Adolphe Regnier. *Paris, Imp. nationale,* 1878, 5 vol. très gr. in-8, brochés.

Belle édition tirée à 600 exemplaires sur PAPIER VERGÉ, publiée à l'occasion de l'Exposition universelle de 1878.

558. MOLIÈRE. Psyché. Tragédie-ballet ornée de six planches hors texte et de six culs-de-lampe gravés à l'eau-forte par Champollion et publiée sous la direction de M. Em. Bocher. *Paris, Librairie des bibliophiles,* 1880, in-4, broché.

Tirage à 200 exemplaires.
Un des 150 (n° 130) imprimés sur papier de Hollande.

559. MOLIÈRE. Œuvres. *Paris, de l'imprimerie de P. Didot l'aîné,* 1791-1794, 6 vol. in-4, papier vélin, demi-rel. basane rose, plats papier, non rognés (*Rel. de l'époque*).

Cette édition, qui fait partie des *Classiques imprimés à l'usage du Dauphin,* a été imprimée au nombre de 250 exemplaires.

560. MOLIÈRE (Pièces relatives à). 3 vol. in-8 et 3 vol. in-12, dont 3 reliés et 3 brochés.

L'Avare, comédie en cinq actes mise en vers par A. Malouin. *Deserre,* 1859 (envoi de M. A. Malouin). — La Valise de Molière, comédie en un acte. *E. Dentu,* 1868. — COQUELIN (C.). L'Arnolphe de Molière. *Ollendorff,* 1882. — Molière et le Misanthrope. *Id.*, 1881. — DESPORTES (Auguste). Molière à Chambord, comédie en quatre actes. *Tresse,* 1843. — MERCIER. Molière, drame en cinq actes en prose. *A Amsterdam,* 1776.
ÉDITIONS ORIGINALES.

561. MONSELET (Charles). Théâtre. *Paris,* 1872-1880, 5 vol. in-12, dont un vol. demi-chag. brun et les autres brochés.

Les Femmes qui font des scènes, pièce en trois actes. *Dentu,* 1872. — Venez, je m'ennuie, comédie en un acte. *Tresse,* 1873. — L'Ilote, comédie en un acte en vers. *Id.*, 1875. — La Revue sans titre. *Bachelin-Deflorenne,* 1877. — Les Dindons de la farce, comédie en trois actes. *Tresse,* 1880.
ÉDITIONS ORIGINALES.

562. MUSSET (Alfred de). Théâtre. *Paris, Charpentier,* 1847-1866, 7 plaquettes in-12, brochées.

Un Caprice, comédie en un acte. 1847. — Louison, comédie en deux actes. 1849. — André del Sarto, drame en deux actes. 1851. — Bettine, comédie en un acte. 1851. — On ne badine pas avec l'amour, comédie en trois actes. 1861. — Carmosine, comédie en trois actes. 1865. — Fantasio, comédie en trois actes. 1866.
EDITIONS ORIGINALES.
On y a joint : MUSSET (Paul de). La Revanche de Lauzun. *Michel Lévy,* 1856, in-12, cartonn. demi-toile jaune. Ens. 8 vol.
Sur le faux-titre envoi autographe de l'auteur.

563. PAILLERON (Édouard). Le Théâtre chez Madame. *Paris, Calmann Lévy*, 1881, in-8, broché.

Un des 25 exemplaires (n° 10) imprimés sur PAPIER DE HOLLANDE.

564. PAILLERON (Édouard). Le Monde où l'on s'ennuie, comédie en trois actes. *Paris, Calmann Lévy*, 1881, in-8, broché.

ÉDITION ORIGINALE.

L'exemplaire est orné dans les marges de 66 AQUARELLES et DESSINS ORIGINAUX de ROBAUDI et d'une grande aquarelle du même hors texte.

565. PAILLERON (Édouard). Théâtre et Poésies. *Paris, Michel Lévy*, 1860-1894, 3 vol. in-8, dont un demi-mar. rouge et 11 vol. in-12, brochés.

Le Parasite. 1860. — Les Parasites. 1864. — Le Mur mitoyen. 1862. — Le second mouvement. 1865. — Les faux ménages. 1869. — Hélène. 1873. — L'Age ingrat. 1879. — Petite pluie. 1876. — L'Etincelle. 1879. — Le chevalier Trumeau. 1881. — Pendant le bal. 1881. — Pendant le bal. 1883. — La Souris. 1888. — Cabotins! 1894.

ÉDITIONS ORIGINALES, sauf *Pendant le Bal*.

566. PIÈCES DRAMATIQUES du XVIIIe siècle ornées de figures. 2 vol. in-8, dos et coins mar. brun et rouge, 2 cartonn. toile et 1 vol. non relié. — Ens. 5 vol.

BEAUMARCHAIS. Eugénie, drame en cinq actes. *Paris, Merlin*, 1767, 5 figures par *Gravelot*, gravées par *Duclos, Levasseur*, etc., etc. — COLLÉ. La partie de chasse de Henri IV en trois actes. *Paris, Duchesne*, 1766, 5 figures par *Gravelot*, gravées par *Duclos, Simonet* et *Rousseau* (2 exemplaires). — DORAT. Regulus, tragédie. *Paris, Delalain*, 1773, 1 front. dessiné et gravé par *Marillier*. — SEDAINE. Les Femmes vengées, opéra-comique. *Paris, Musier*, 1775, 1 figure par *Cochin*, gravée par *Lingée*.

567. PIÈCES DRAMATIQUES imprimées sur papier de Hollande. 5 vol. in-8 et in-12, dont 4 brochés, couvert. et un dos et coins chagrin vert, tête dor., non rogné.

BLUM (Ernest). Rose Michel, drame en 5 actes. *Tresse*, 1877. — LOMON (Charles). Jean Dacier, drame en cinq actes. *Ollendorff*, 1877. — MEILHAC (Henri). La Duchesse Martin, comédie en un acte. *Calmann Lévy*, 1884. — MEILHAC (H.). et HALÉVY (Lud.). La Cigale, comédie en trois actes. *Calmann Lévy*, 1877. — RAYMOND (H.) et DUMAS (Alph.). Le Coucou, comédie en trois actes. *Tresse*, 1877.

568. PIÈCES DRAMATIQUES. Sous ce numéro en vendra environ 60 pièces de théâtre du XVIIIe siècle, in-8, reliées et brochées, par Bret, Collin d'Harleville, Destouches, d'Arnaud, Vadé, Mercier, Marmontel, de Belloy, etc.

569. PIÈCES DRAMATIQUES. Sous ce numéro on vendra 350 pièces de théâtre, in-12, de la *Bibliothèque dramatique*, par Labiche, Maquet, Najac, A. Achard, E. Souvestre, Cremieux, Anicet-Bourgeois, L. Thiboust, Melesville, Alboize, Varin, Decourcelle, A. Clairville, etc., etc., la plupart en éditions originales.

570. PIÈCES DRAMATIQUES. Sous ce numéro on vendra 560 pièces de théâtre, in-8, publiées de 1800 à 1850, par Ancelot, Bonjour, Desaugiers, d'Artois, F. Soulié, A. Soumet, Scribe, Bayard, d'Ennery, Destouches, de Custine, etc., etc.

571. PIÈCES DRAMATIQUES. Sous ce numéro on vendra 880 pièces de théâtre contemporaines, in-12, par Ad. d'Ennery, G. Ohnet, Scribe, Labiche, J. Sandeau, Léon Laya, Legouvé, Erckmann-Chatrian, F. de Curel, A. Belot, Feydeau, Brieux, etc., etc., la plupart en éditions originales.

572. PIÈCES DRAMATIQUES. Réunion d'environ 1400 pièces de théâtre, gr. in-8, parues dans la *France dramatique*, le *Magasin théâtral*, le *Répertoire dramatique*, etc., réunies en 48 cartons.

573. PIÈCES DRAMATIQUES ornées de lithographies ou de figures ajoutées. 6 vol. in-8, cartonn. dos et coins toile (couvert.) et 1 vol. in-8, broché.

BAYARD. Le Gamin de Paris. *Marchant*, 1836. — DELRIEU. Artaxerce, tragédie. *Giguet et Michaud*, 1808. — EPAGNY (d') et JARRY. Les Malcontents de 1579. *Barba*, 1844. — EPAGNY (d'). Lancastre ou l'usurpation. *Peytieux*, 1829. — LATOUCHE. La reine d'Espagne, drame. *Levavasseur*, 1831. — SOUMET (Alexandre) et BELMONTET. Une Fête de Néron. *Barba*, 1830. Lettre autog. de Belmontet, ajoutée. — SUE (Eugène). Les Mystères de Paris. *C. Tresse*, 1844.

ÉDITIONS ORIGINALES.

574. PONSARD (François). Théâtre. 7 vol. in-8, et 6 vol. in-12, dont un dos et coins chag. grenat et les autres brochés.

Manfred, poème dramatique par Lord Byron, traduit en français par Ponsard. *C. Gosselin*, 1837. — Lucrèce, tragédie. *Furne*, 1843. — Agnès de Méranie. *Id.*, 1847. — Horace et Lydie. *Blanchard*, 1850 (2 *exemp.*). — Charlotte Corday. *Id.*, 1850. — Chœurs d'Ulysse. *Michel Lévy*, 1852. — Ulysse, tragédie. *Id.*, 1852. — L'Honneur et l'argent. *Id.*, 1853. — La Bourse. *Id.*, 1856. — Ce qui plaît aux femmes. *Id.*, 1860. — Galilée, drame. *Id.*, 1867. — Le Lion amoureux, comédie. *Id.*, 1866.

ÉDITIONS ORIGINALES.

575. RACINE (Jean). Œuvres. Nouvelle édition revue sur les plus anciennes impressions et les autographes et augmentée de morceaux inédits, des variantes, de notices, de notes, d'un lexique des mots et locutions remarquables, d'un portrait, de fac-simile, etc., par M. Paul Mesnard. *Paris, Hachette et Cie*, 1865-1873, 9 vol. et album in-8, brochés.

De la collection *Les Grands Écrivains de la France*.

Un des 150 exemplaires (n° 22), imprimés sur PAPIER GRAND RAISIN VÉLIN.

Le tome IX contient la musique des chœurs d'*Esther* et d'*Athalie* et des cantiques spirituels.

576. RACINE. Œuvres. Imprimé par ordre du roi pour l'éducation de monseigneur le Dauphin. *A Paris, de l'imp. de Franç.-Ambr. Didot,* 1783, 3 vol. in-4, brochés.

577. RECUEIL DES OPÉRA représentez par l'Académie royale de musique. *A Amsterdam, chez Henri Schelte,* 1712-1718, 12 vol., petit in-12, dos et coins veau fauve.

12 frontispices et 83 figures gravées en taille-douce.

Recueil factice, avec titre général, de 86 pièces parues séparément en Hollande à la fin du XVIIe siècle et au commencement du XVIIIe.

Exemplaire NON ROGNÉ et NON COUPÉ.

578. RENARD (Jules). Théâtre. 5 vol. in-12, brochés.

Une Noce sur le carré. *E. Dentu,* 1868. — L'Amour mitoyen. *Id.,* 1870. — Une Femme qui bégaie. *Id.,* 1872. — Le Plaisir de rompre. *Ollendorff,* 1898. — Le Pain de ménage. *Id.,* 1899.

EDITIONS ORIGINALES, sauf la dernière pièce.

579. RICHEPIN (Jean). Théâtre. 5 vol. in-8, et 3 vol. in-12, brochés.

L'Étoile. Drame. *Lemerre,* 1873. — La Glu, drame. *Dreyfous,* 1883. Nana-Sahib, drame. *Id., s. d.* (PAPIER DE HOLLANDE). — Monsieur Scapin, comédie en vers. *Id.,* 1886. — Le Mage, opéra. *Calmann Lévy,* 1891. — Par le glaive, drame en vers. *Charpentier,* 1892. — La Martyre, drame. *Id.,* 1898.

EDITIONS ORIGINALES sauf la dernière pièce.

580. SAINT-RÉMY [duc de Morny]. Théâtre. 5 vol. petit in-8, cartonn. demi-rel. bas., non rognés (*Couvert.*).

Sur la grande route, proverbe en un acte. *Michel Lévy,* 1861. — La Succession Bonnet, comédie vaudeville en un acte. *Id.,* 1864. — Les bons conseils, comédie en un acte. *Id.,* 1862. — Les Finesses du mari, comédie en un acte. *Id.,* 1864. — Pas de fumée sans un peu de feu, comédie en un acte, 1864.

EDITIONS ORIGINALES.

581. SAND (George). Théâtre. 21 vol. in-12, brochés et 3 vol. in-8, cartonn. toile rouge et verte. — Ens. 24 vol.

François le Champi, comédie, 1849. — Claudie, drame, 1851. — La petite Fadette, comédie, 1851. — Le Mariage de Victorine, 1851. — Molière, drame, 1861 (2 exemplaires). — Le Démon du foyer, comédie, 1852. — Les Vacances de Pandolphe, 1852. — Le Pressoir, drame, 1853. — Mauprat, drame, 1854 (4e édition). — Maitre Favilla, drame, 1855. — Comme il vous plaira, comédie, 1856. — Françoise, comédie, 1856. — Lucie, comédie, 1856. — Marguerite de Sainte-Gemme, comédie, 1859. — Le Pavé, comédie, 1862. — Les beaux messieurs de Bois-Doré, drame, 1862. — Le marquis de Villemer, comédie, 1864. — Le Drac, drame, 1865. — Le Lis du Japon, comédie, 1866. — Les Don Juan du village, comédie, 1866. — Cadio, drame, 1868. — La petite Fadette, 1869. — L'Autre, comédie, 1870.

EDITIONS ORIGINALES, sauf *Mauprat.*

582. SARDOU (Victorien). Rabagas, comédie en cinq actes en prose. *Paris, Michel Lévy frères*, 1872, in-8, broché (*Couvert.*).

EDITION ORIGINALE.
Un des 10 exemplaires imprimés sur PAPIER DE HOLLANDE.

583. SARDOU (Victorien). Théâtre. 6 vol. in-8, cartonn. toile et 2 vol. in-8, brochés. — Ens. 8 vol.

Patrie, drame historique. *Lévy*, 1869. — Séraphine, comédie en cinq actes. *Id.*, 1869. — Fernande, pièce en quatre actes. *Id.*, 1870. — Rabagas, comédie. *Id.*, 1872. — Séraphine. *Paris*, 1873. — La Haine, drame en cinq actes. *Id.*, 1875. — Daniel Rochat, comédie. *Id.*, 1880. — Divorçons ! comédie en trois actes. *Id.*, 1883.
EDITIONS ORIGINALES.
On y a joint : HERMIL (Ed.), BUGUET (Henry). Rabat-gaz portatif, vaudeville parodie de Rabagas. *Paris, E. Dentu*, 1872, in-8, dos et coins cartonn. toile rose. — Séraphine racontée par Touchatout. *Paris*, 1873, broch. in-8°.

584. SARDOU (Victorien). Théâtre. 21 vol. in-12, brochés et 3 vol. in-12, cartonn. toile. — Ens. 24 vol. la plupart en éditions originales.

La Taverne, 1854. — Les premières armes de Figaro, 1859. — Les Pattes de mouche, 1860. — Monsieur Garat, 1860. — Piccolino, 1861. — L'Ecureuil, 1861. — Les Femmes fortes, 1861. — La Papillonne, 1862. — La Perle noire, 1862. — Nos Intimes, 1862. — Bataille d'amour, 1863. — Les Ganaches, 1863. — Don Quichotte, 1864. — Le Dégel, 1864. — Les Diables noirs, drame, 1864. — Les Pommes du voisin, 1865. — Les vieux garçons, 1865. — Le capitaine Henriot, 1865. — Nos bons villageois, 1867. — Maison neuve, 1867. — Le roi Carotte, 1872. — Andréa, 1875. — L'oncle Sam, 1875. — Patrie, opéra. *Calmann Lévy*, 1886.

585. TERENCE. Les Comédies. Traduction nouvelle avec le texte latin à côté et des notes par M. l'abbé Le Monnier. *A Paris, chez Jombert*, 1771, 3 vol. in-8, veau écaille, fil., dos orné, tr. dor. (*Rel. anc.*).

1 frontispice et 6 belles figures par *Cochin*, gravées par *Choffard*, *Prévost*, *Rousseau* et *Saint-Aubin*.

586. TERENCE. Les Comédies. Traduction nouvelle, avec le texte latin à côté et des notes par M. l'abbé Le Monnier. *A Paris, chez Jombert*, 1771, 3 vol. in-8, veau fauve, fil., dos orné, tr. marb. (*Rel. anc.*).

1 frontispice et 6 figures par *Cochin*, gravées par *Choffard*, *Prévost*, *Rousseau* et *Saint-Aubin*.

587. THÉATRE (Ouvrages relatifs au). 7 vol. in-8 et in-12, veau, demi-chagrin La Vall. et brun.

CLÉMENT (F.) et LAROUSSE (P.). Dictionnaire lyrique ou histoire des opéras. *S. d.* — COCHIN. Projet d'une salle de spectacle pour un théâtre de comédie. *Paris, Jombert*, 1765, 6 planches. — CES DEMOISELLES de l'opéra. *Paris, Tresse*, 1887. — DESPRÉAUX (J.-E.). Mes Passe-temps : chansons suivies de l'art de la danse. *Paris*, 1806, 2 vol., figures d'après *Moreau* et musique gravée. — REMOND DE SAINT-ALBINE. Le Comédien. *Paris, Desaint et Saillant*, 1748. — *Même ouvrage*, nouvelle édition augmentée. *Paris, Vincent*, 1749.

588. THÉATRE CONTEMPORAIN, pièces en éditions originales. Ens. 8 vol. in-12 et 1 vol. in-8, brochés.

ALEXIS (Paul). Monsieur Betsy. *Charpentier*, 1889. — BARRÈS (Maurice). Une Journée parlementaire. *Id.*, 1894. — BEAUVOIR (Roger de). Le Raisin. *Michel Lévy*, 1856. — BRIEUX (Eugène). Ménages d'artistes. *Tresse et Stock*, 1890. — L'Evasion. *Id.*, 1897. — CHAMPFLEURY. La Pantomime de l'avocat. *Paris*, 1865. — HARAUCOURT (Edmond). La Passion. *Charpentier*, 1860. — LECONTE DE LISLE. Les Erinnyes, tragédie antique. *Lemerre*, 1873. — ROSTAND (Edmond). Les Romanesques. *Charpentier*, 1894.

EDITIONS ORIGINALES.

589. VACQUERIE (Auguste). Théâtre. 3 vol. in-8 et 1 vol. in-12. Ens. 4 vol., brochés.

Les Funérailles de l'honneur, drame. *Bourdilliat*, 1851. — Jean Baudry. *Pagnerre*, 1863. — Le Fils. *Id.*, 1866. — Formosa. *Calmann Lévy*, 1883.

EDITIONS ORIGINALES ; la dernière pièce est imprimée sur PAPIER DE HOLLANDE.

590. VIGNY (Alfred de). La Maréchale d'Ancre, drame, représenté sur le théâtre de l'Odéon le 25 juin 1831. *Paris, Charles Gosselin*, 1831, in-8, front., demi-rel., veau fauve, fil., tr. jasp.

EDITION ORIGINALE ; frontispice lithographié.

591. ZOLA (Emile). Théâtre. 4 vol. in-12, brochés.

Les Héritiers Rabourdin. *Charpentier*, 1874. — L'Assommoir pour rire, ambigu-parodie pour rire. *Le Bailly*, 1879. — L'Assommoir. drame. *Charpentier*, 1870. — L'Ouragan, drame. *Id.*, 1901.

EDITIONS ORIGINALES.

4. — LIVRES MODERNES DANS TOUS LES GENRES

592. ALBUM DE LA MARMITE. *Paris, L. Baschet*, 1880, gr. in-8, vélin blanc à recouv. sur lequel on a copié, à la plume, les 2 illustrations de la couverture (*Raparlier*).

Un des 10 exemplaires imprimés sur PAPIER DU JAPON.

Nombreuses figures dans le texte.

593. ALBUMS ET RECUEILS DE LITHOGRAPHIES. 4 vol., pet. in-fol. et in-4, cartonnés.

Gavarni. Œuvres choisies. Les Enfants terribles, traduction en langue vulgaire, les lorettes, les actrices, etc. Edition du Figaro. *Paris*, 1857. — Gavarni. La Mascarade humaine, 100 grandes compositions par Gavarni. *Paris, Calmann Lévy*, 1881. — Masini (F.). Album contenant 12 mélodies, paroles de Marc Constantin, dessins de Sorrieu. *Paris, Meissonnier, s. d.* — Puget (Mlle). Album; paroles de G. Lemoine, dessins de *Deveria, J. David, Mouilleron, Gosell*, etc. *Paris, Meissonnier, s. d.*

594. ART (L'), revue hebdomadaire illustrée. Année 1882, tomes III et IV. *Paris, J. Rouam*, 1882, 2 vol., in-fol., dos et coins chag. rouge.

Nombreuses eaux-fortes hors texte.

595. AUCASSIN ET NICOLETTE, chantefable du XIIe siècle, traduite par A. Bida, revision du texte original et préface par Gaston Paris. *Paris, Hachette*, 1878, in-8, broché.

Exemplaire imprimé sur papier Whatman.

596. AUMALE (duc d'). Histoire des princes de Condé pendant les XVIe et XVIIe siècles. *Paris, Michel Lévy frères*, 1863-1864, 2 vol., in-8, brochés.

Tomes 1 et 2 imprimés sur papier de Hollande.

597. AUMALE (duc d'). Notice sur le manuscrit des œuvres poétiques de Vatel. *Chantilly*, 1881, pet. in-fol., en feuilles dans un carton.

Publication de la Société des bibliophiles françois, tirée à petit nombre.

598. BALZAC (H. de). Les Contes drolatiques colligez ez abbayes de Touraine et mis en lumière par le Sieur de Balzac pour l'esbattement des pantagruélistes et non aultres. Cinquiesme édition, illustrée de 425 dessins par Gustave Doré. *Se trouve à Paris, ez bureaux de la Société générale de librairie*, 1855, in-8, demi-rel., veau fauve, dos orné, non rogné.

Premier tirage.

599. BAPST (Germain). Inventaire de Marie-Josèphe de Saxe, dauphine de France. *Paris, Imp. Lahure*, 1883, pet. in-4, portrait, broché.

Exemplaire imprimé sur papier vergé, au nom de M. Ouachée.

600. BEAUX-ARTS, 1 vol. in-fol., rel. des éditeurs, 3 vol. in-4, 3 vol. in-8 et 1 vol. in-12, brochés. — Ens. 8 vol.

Bellier de la Chavignerie (Emile). Biographie et catalogue de l'œuvre du graveur Miger. *Dumoulin*, 1856. — Burty (Philippe). Les Emaux cloisonnés anciens et modernes. *Martz, s. d.* — CATALOGUE complet d'eaux-fortes originales et inédites. *A. Cadart*, 1874, 2 vol. — CHESNEAU (Ernest). Le statuaire J.-B. Carpeaux. *A. Quantin*, 1880. — (Le) LIVRE D'OR du salon de peinture et de sculpture. *Paris, Librairie des bibliophiles*, 1879-1880, 2 vol. — (Les) MAITRES DE L'ART FRANÇAIS CONTEMPORAINS. Introduction par Robert Vallier. *Calmann Lévy, s. d.*

601. BÉRALDI (Henri). Les Graveurs du XIXe siècle. Guide de l'amateur d'estampes modernes. *Paris, Conquet*, 1885-1892, 12 vol. in-8, brochés.

Un des 72 exemplaires imprimés sur PAPIER VERGÉ DE HOLLANDE.
Exemplaire de souscription contenant 38 frontispices divers par *Adeline, Bellangé, Boutet, Draner, Morin, Nanteuil, Lalauze*, etc.

602. BÉRALDI (Henri) 1872-1884. Mes Estampes. *Lille, Imp. L. Danel*, 1887, pet. in-8, broché.

Catalogue anecdotique de la collection Béraldi.
Seconde édition tirée à 100 exemplaires sur papier de Hollande.

603. BEROALDE DE VERVILLE. Le Moyen de parvenir; œuvre contenant la raison de ce qui a esté, est et sera avec démonstrations certaines selon la rencontre des effects de vertu. *Paris, Léon Willem*, 1870-1872, 2 vol., pet. in-8, pap. de Hollande, dos et coins mar. rouge, fil., dos orné, tête dor., non rognés (*Belz-Niedrée*).

Ouvrage tiré à petit nombre aux frais et pour le compte des souscripteurs.

604. BERTALL. La Comédie de notre temps. Séries I-II. La Civilité, les habitudes, les mœurs, etc. Les Enfants, les jeunes, les mûrs, les vieux. *Paris, E. Plon*, 1874-1875, 2 vol. — La Vie hors de chez soi (Comédie de notre temps). L'Hiver, le Printemps, l'Été, l'Automne. *Paris, E. Plon et Cie*, 1876. — La Vigne. Voyage autour des vins de France. *Paris, E. Plon et Cie*, 1878. — Ensemble 4 vol. gr. in-8, dos et coins mar. brun, dos orné, tête dorée, non rognés, couvert. (*Ch. Knecht*).

PREMIER TIRAGE des illustrations de *Bertall*.

605. BERTIN. Œuvres complètes avec notes et variantes, précédées d'une notice historique sur sa vie. *Paris, Roux-Dufort*, 1824, in-8, dos et coins mar. bleu, tête dor., ébarbé (*David*).

Exemplaire imprimé sur PAPIER VÉLIN contenant la figure de *Desenne* en 2 états : avant la lettre et eau-forte.
On y a joint deux figures de *De Sève* et de *Le Prince*, gravées par *Baquoy* et *Rousseau*.

606. BIBLIOTHÈQUE ELZÉVIRIENNE (de la). *Paris, Jannet, Daffis et Pagnerre*, 1853-1858, 16 vol. pet. in-12, cartonn. toile rouge.

ALCRIPE (Philippe). La nouvelle fabrique des excellens traits de vérité. 1853. — CAQUETS (Les) de l'accouchée. 1855. — CENT (Les) NOUVELLES

nouvelles. 1857-1858, 2 vol. — CHAPELLE. Œuvres de Chapelle et de Bachaumont. 1854. — COURCELLES (Marquise de). Mémoires et correspondance. 1855. — EVANGILES (Les) des quenouilles. 1855. — MARGUERITE de Valois. Mémoires. 1858. — OLIVA (Anello). Histoire du Pérou. 1857. — (Le) PANTHÉON et temple des oracles. 1858. — (Les) QUINZE JOYES de mariage. 1857. — ROMAN (Le) de Jehan de Paris, 1855. — SCARRON. Le Roman comique. 1857, 2 vol. — TABARIN. Œuvres complètes, 1858, 2 vol.

607. BOREL (Petrus). Madame Putiphar. Seconde édition, conforme pour le texte et les vignettes à l'édition de 1839. Préface par M. Jules Claretie. *Paris, Léon Willem*, 1877-1878, 2 vol. in-8, dos et coins toile verte, non rognés (*Couvert.*).

Un des 250 exemplaires (n° 157) imprimés sur PAPIER DE HOLLANDE.

608. BRIOIS (Docteur). La Tour Saint-Jacques de Paris. *Paris, Dubuisson et Cie*, 1864, 3 vol. in-8, brochés.

609. BRY (Auguste). Raffet ; sa vie et ses œuvres. *Paris, Baur*, 1874, in-8 broché. — CHESNEAU (Ernest). Notice sur G. Régamey. *Paris*, 1879, gr. in-8, broché. — RIBEYRE (Félix). Cham. Sa vie et son œuvre. *Paris, Plon*, 1884, in-12, cartonn. demi-toile rouge, tête dor., non rogné. — Ens. 3 vol.

610. BURTY (Philippe). L'Eau-forte en 1878 (5e année). Trente eaux-fortes originales et inédites par trente des artistes les plus distingués. *Paris, Vve A. Cadart*, 1878, in-fol. en feuilles dans un carton.

Les eaux-fortes sont tirées sur papier vergé.

611. CAILHAVA D'ESTANDOUX. Les Contes de l'abbé de Colibri. Nouvelle édition avec préface par un homme de lettres fort connu (Ch. Monselet). *Paris, Th. Belin*, 1881, pet. in-8, cartonn. dos et coins mar. orange, tête dor., non rogné, couverture (*Noulhac*).

Edition tirée à petit nombre sur papier de Hollande, ornée d'un frontispice de *Mesplès*.

612. CARICATURE POLITIQUE (La). Collection des 6 numéros parus. *Paris*, 1871. — GUÊPE (La), premier numéro. *Paris*, 1871. — FLÈCHE (La), les 2 premiers numéros. *Paris*, 1870. — FRONDE ILLUSTRÉE (La), premier numéro. *Paris*, 1871. En 1 vol in-fol., cartonn. dos et coins toile verte.

613. CATALOGUE de l'Exposition de gravures anciennes et modernes, 4 juillet 1881. *Paris, Cercle de la librairie*, 1881, in-4, figures, en feuilles dans un carton toile grise.

L'ouvrage renferme de nombreuses planches en noir et en couleurs, exécutées à l'aide de tous les procédés connus. Il commence par un coup d'œil sur l'histoire de la gravure par Georges Duplessis.

614. CATALOGUE des tableaux composant la collection Laurent-

Richard. Ventes d'avril 1873 et de mai 1878. *Paris,* 1873-1878, 2 vol. gr. in-8, papier de Holl., dos et coins mar. brun, tête dor. non rognés, couvert. (*Knecht*).

Nombreuses reproductions hors texte, gravées à l'eau-forte.
Prix marqués au premier catalogue.

615. CATALOGUE de tableaux de premier ordre, anciens et modernes, composant la galerie de M. le marquis de La Rochel... *Paris,* 1873, gr. in-8, dos et coins mar. grenat, tête dor., non rogné (*Couvert.*).

Nombreuses planches hors texte.

616. CATALOGUE de tableaux de premier ordre, anciens et modernes, composant la galerie de M. John W. Wilson. *Paris,* 1881, in-4, dos et coins mar. grenat, fil., dos orné, tête dor., non rogné, couvert. (*Knecht*).

Nombreuses eaux-fortes hors texte.
Prix de vente marqués au crayon.

617. CATALOGUE des objets d'art et d'ameublement des XVIIe et XVIIIe siècles, buste en marbre par Pajou, tapisseries des Gobelins et de Beauvais, tableaux anciens dépendant des collections de Mme C. Lelong. *Paris,* 1903, 3 vol. in-4 brochés, dans un étui.

Nombreuses planches hors texte reproduites par le procédé Georges Petit.

618. CATALOGUES de ventes de tableaux, dessins et objets d'art 24 vol. ou broch. gr. in-8 et in-4, 2 dos et coins mar. vert et les autres brochés,

Catalogue *Guyot de Villeneuve, Destailleur, F. Reiset, R. Papin, Bon Double, A. Fèbvre, Paul Huet, F. Barrot, L. Jacobson,* etc., etc.
Nombreuses planches hors texte.

619. CÉLÉBRITÉS CONTEMPORAINES. *Paris, A. Quantin,* 1883, 68 plaquettes in-12, brochées (*Couvert. illust.*).

Plusieurs plaquettes sont doubles.

620. CELLINI. La Vie de Benvenuto Cellini écrite par lui-même. Traduction Léopold Léclanché. Notes et index de M. Franco, illustrée de neuf eaux-fortes par F. Laguillermie et de reproductions des œuvres du maître. *Paris, A. Quantin,* 1881, gr. in-8, broché.

On y a joint: la suite à part avant toutes lettres des 9 eaux-fortes de *Laguillermie* et le tirage à part sur Japon des 15 en-têtes et culs-de-lampe.

621. CHAM. L'Art de réussir dans le monde. Procédé simple et facile

pour se faire jeter à la porte en peu de temps. *Paris, Martinet, s. d.*, in-4, broché.

Titre et 20 lithographies coloriées.

622. CHAMPFLEURY. Henry Monnier, sa vie, son œuvre avec un catalogue complet de l'œuvre et 100 gravures fac-simile. *Paris, E. Dentu*, 1879, in-8, broché.

Edition originale.

623. CHAMPFLEURY. Les Vignettes romantiques. Histoire de la littérature et de l'art. 1825-1840, 150 vignettes par Célestin Nanteuil, Tony Johannot, Deveria, Jeanron, Jean Gigoux, etc. Suivi d'un catalogue complet des romans, drames, poésies, ornés de vignettes, de 1825 à 1840. *Paris, Dentu*, 1883, in-4, broché.

Un des 100 exemplaires (n° 71) imprimés sur papier vergé de Hollande.

624. CHAMPFLEURY. Les Vignettes romantiques, histoire de la littérature et de l'art, 1825-1840. 150 vignettes par Célestin Nanteuil, Tony Johannot, Dévéria, Jean Gigoux, etc., suivi d'un catalogue complet des romans, drames, poésies, ornés de vignettes de 1825 à 1840. *Paris, E. Dentu*, 1883, gr. in-8, broché.

Exemplaire contenant les planches hors texte sur papier du Japon.

625. CHEFS-D'ŒUVRE DE L'ART ANTIQUE, architecture, peinture, bronzes, mosaïques, vases, médailles, etc., etc. *Paris, A. Lévy*, 1867, 4 tomes en 7 vol. pet. in-4, en feuilles dans des cartons toile verte.

794 planches gravées sur cuivre par les meilleurs artistes italiens.

626. COLLECTION CAZIN (De la). 7 vol. in-18, veau fauve, fil., dos orné, tr. dor. (*Rel. anc.*).

Beauchamps (Godard de). Les Amours d'Ismène et d'Ismenias. *Londres*, 1783, frontispice par *Marillier*, gravé par *Delvaux*. — Gessner. Œuvres complettes. *S. l. n. d.* (*Paris*, 1778), 3 vol., 3 titres, 1 portrait et 14 figures par *Marillier*, gravées par *De Ghendt*, *Delignon*, *Duflos* et *De Launay*. — Grécourt. Œuvres choisies. *A Genève*, 1777, 3 vol., 3 frontispices, dont 2 par *Eisen* et 1 par *Marillier*.

627. COLLECTION AUGUSTE DUTUIT. Antiquités, médailles et monnaies, objets divers, exposés au Palais du Trocadéro en 1878. *Paris, A. Lévy*, 1879, in-4, figures, cartonn. toile, fers spéciaux (*Cartonn. de l'éditeur*).

L'ouvrage renferme 36 planches en phototypie ou photochromie et eaux-fortes.

628. COLLECTION de S. A. le duc de Berwick et d'Albe, tableaux par Velazquez, Murillo, Rubens, 75 tapisseries de premier ordre et

4 000 gravures anciennes et modernes de différentes écoles. *Paris,* 1877, gr. in-8, dos et coins mar. grenat, tête dor., non rogné (*Knecht*).

Nombreuses photogravures hors texte.

629. COLLECTION DES CLASSIQUES LAPLACE-SANCHEZ, publiée avec introductions, notes et notices par Edouard Fournier et Jules Janin, ornée de portraits en pied et dessins coloriés d'après Emile Bayard, Geffroy, T. Johannot, J. David, Bertall, M. Sand, etc., etc. *Paris, Laplace, Sanchez et Cie*, 1869-1878, 13 vol. gr. in-8, dos et coins mar. rouge, dos orné, tête dor., non rognés.

Beaumarchais. Œuvres complètes. Nouvelle édition augmentée de quatre pièces de théâtre et de documents divers. 1876. — Boileau. Œuvres complètes, précédées de la vie de l'auteur d'après des documents nouveaux et inédits. 1873. — Corneille. Œuvres. Théâtre complet, précédées de la vie de l'auteur. 1869. — La Fontaine. Œuvres. Théâtre, fables, poésies, etc. 1877. — Marivaux. Œuvres. Théâtre complet. Nouvelle édition contenant une pièce non encore recueillie. 1878. — Molière. Œuvres complètes. Nouvelle édition imprimée sur celles de 1679 et de 1682. 1871. — Racine (Jean). Œuvres, précédées des mémoires sur sa vie par Louis Racine. 1870. — Regnard. Œuvres complètes. Nouvelle édition augmentée de deux pièces inédites. 1876. — Voltaire. Théâtre complet. 1874. — Théâtre français (Le) avant la Renaissance, 1450-1550. Mystères, moralités et farces. *S. d.* — Théâtre français (Le) au xvie et au xviie siècle, ou choix des comédies les plus curieuses antérieures à Molière. *S. d.* — Chefs-d'œuvre dramatiques du xviiie siècle ou choix des pièces les plus remarquables de Regnard, Lesage, Destouches, Beaumarchais, Marivaux, etc. 1871. — Théâtre inédit (Le) du xixe siècle. Recueil de pièces de divers auteurs. 1877.

Exemplaires imprimés sur papier vergé contenant deux états des planches : en noir et coloriées.

630 COLLECTION DU BIBLIOPHILE FRANÇAIS. *Paris, Bachelin-Deflorenne*, 1863-1869, 12 vol. in-16, brochés.

Bernard (Thalès). La Lisette de Béranger. — Claretie (Jules). Elisa Mercœur, H. de la Morvonnais, G. Farcy, Ch. Dovalle, Alph. Rabbe. — Claudin (G.). Méry, sa vie intime anecdotique et littéraire. — Delvau (A.). Gérard de Nerval. — Delvau (A.). Henry Murger et la bohême. — France (Anatole). Alfred de Vigny. Etude. — Heilly (Georges d'). Madame de Girardin. — Le Bailly (A.). Hégésippe Moreau. — Lebailly (A.). Madame de Lamartine. — Peigné (J.-M.). Lamennais, sa vie intime à La Chenaie. — Poisle Desgranges. Rouget de Lisle et la Marseillaise. — Moreau (Hégésippe). Œuvres inédites avec introduction et notes par A. Lebailly.

Chaque volume est orné d'une eau-forte par *G. Staal*.

Un volume est dans le cartonnage de l'éditeur.

631. COLLECTION (De la) HETZEL ET LÉVY. *Paris, Hetzel et Michel Lévy*, 1856-1861, 27 vol. in-16, brochés, et un vol. cartonn.

Augier (Emile). Théâtre complet. 1857, 6 vol. — Belloy (A. de). Physionomies contemporaines. *S. d.* Portraits et souvenirs. *S. d.* — Bougeard (Alfred). Les Moralistes oubliés. 1858. — Dequet (A.). Abeille.

1861. — DESCHANEL (Emile). Le bien et le mal qu'on a dit des enfants. *S. d.* — EYMA (Xavier). Excentricités américaines. *S. d.* — GOLDSMITH (Olivier). Voyage d'un chinois. *S. d.* — GOZLAN (Léon). Une soirée dans l'autre monde. *S. d.* — GRAMONT (Cte de). Comment on se marie. 1858. — HOUSSAYE (A.). Les Comédiennes du temps passé. 1856. — JOLIET. L'Esprit de Diderot. *S. d.* — MAQUET (Auguste). La Maison du baigneur. 1857, 4 vol. — MONNIER (Henry). Les petites gens. 1837 ; Scènes parisiennes. 1857 ; Comédies bourgeoises. 1858 ; Croquis à la plume. 1858 ; Les bourgeois aux champs. 1858 ; Galerie d'originaux. 1858 ; Ens. 6 vol. — Les Abbés galants par un ancien enfant de chœur. *S. d.*

632. COLLECTION DE SAN DONATO, tableaux, marbres, dessins, aquarelles et miniatures. *Paris*, 1870, in-8, dos et coins mar. bleu, tête dor., non rogné (*Couvert.*).

Nombreuses eaux-fortes hors texte.

633. CONTES A RIRE et aventures plaisantes ou récréations françaises. Nouvelle édition revue et corrigée avec préface par A. Chassant. *Paris, Th. Belin*, 1881, pet. in-8, frontispice par A. Denis, cartonn. dos et coins mar. citron, tête dor., non rogné, couvert. (*Noulhac*).

634. CONTES GRIVOIS du XVIIIe siècle, à savoir : Parapilla, les Dévirgineurs, Vert-vert, M. Alphonse, les trois Manières, Ce qui plaît aux dames, Les Cerises, Le Mal d'aventures, le Savetier, etc., précédés de réflexions sur le conte par Dorat. *Bruxelles, Kistemaeckers, s. d.*, in-8, cartonn. toile de l'éditeur, non rogné.

Un des 50 exemplaires imprimés sur PAPIER DE HOLLANDE.

635. COQUELIN, CADET (Ernest). Pirouette. Fariboles. Dessins de Henri Pille. *Paris, Paul Ollendorff*, 1882, in-8, broché (*Couvert. illust.*).

Un des 10 exemplaires (n° 7) imprimés sur PAPIER DU JAPON.

636. CORSAIRE (Le). *Paris*, 1850, 4 vol. in-fol., cartonn. dos et coins toile bleue, non rognés.

Année 1850 complète.

637. COUSIN (Charles). Voyage dans un grenier. Bouquins, faïences, autographes et bibelots. *Paris, Morgand et Fatout*, 1878, pet. in-4, dos et coins mar. vert, fil., tête dor., non rogné (*Couvert.*).

Un des 10 exemplaires imprimés sur PAPIER WHATMAN contenant les eaux-fortes en deux états : AVANT et avec la lettre et les états successifs d'une planche en chromotypie.

638. DENON (Vivant). Point de lendemain, conte. Notice par A.-P. Malassis. *Paris, Liseux*, 1876. — POGGE. Les facéties de Pogge, traduites en français, avec le texte latin. *Ibid., Id.*, 1878, 2 vol. — Ens. 3 vol. in-18, brochés.

639. DEVILLE (J.). Dictionnaire du tapissier, critique et historique

de l'ameublement français depuis les temps anciens jusqu'à nos jours. *Paris, C. Claesen,* 1878-1880, in-4, planches, en 4 cartons, dos et coins toile rouge.

L'ouvrage renferme 124 planches en chromolithographie.
Envoi autographe de l'auteur sur le faux-titre.

640. DIABLE A PARIS (Le). Paris et les Parisiens. Mœurs et coutumes, caractères et portraits des habitants de Paris, tableau complet de leur vie privée, etc. *Paris, Hetzel,* 1845-1846, 2 vol. gr. in-8, figures, dos et coins de mar. vert. foncé, dos orné, tête dorée, non rognés.

Premier tirage.

641. DOCUMENTS pour servir à l'histoire de nos mœurs. *Paris, Rouquette, s. d.,* 15 vol. in-32, brochés.

Autographes sérieux et comiques. 1852-1868, 3 vol. — Carnet de la Comtesse de L. — Comptes d'un budget parisien. — Compte rendu d'un habitué de réunions publiques non politiques. — Les grands jours du Petit Lazari. — Les Tuileries en février 1848. — Manuscrit de Février et Juin 1848, 2 vol. — Mémoires de Pierre Louette. — Noblesse oblige. — Notes d'un agent. — P.-J. Proudhon et l'écuyère de l'Hippodrome. — Tribulations d'une muse académique, 1865.

642. DOCUMENTS sur les mœurs du XVIIIe siècle, publiées par Octave Uzanne. *Paris, A. Quantin,* 1879-1883, 4 vol. gr. in-8, frontispices, brochés.

La Chronique scandaleuse, 1879. — Anecdotes sur la comtesse du Barry, 1880. — La Gazette de Cythère, 1881. — Les Mœurs secrètes du XVIIIe siècle, 1883.
Papier Whatman publié à 20 francs le volume.

643. DOUBLE (Lucien). Promenade à travers deux siècles et quatorze salons. *Paris, Imp. de Ch. Noblet,* 1878, in-8, dos et coins mar. rouge, fil., dos orné, tête dor., ébarbé, couvert. (*Krafft.*).

Nombreuses planches hors texte : eaux-fortes, gravures et chromolithographies.

644. DROUGININE. Polinka Saxe, suivi de la demoiselle paysanne, nouvelle de Pouchkine. *Bruxelles, J. Blanche,* 1872, in-12, dos et coins bas. rouge. — Frère Jean. Du neuf et du vieux, conte, et mélanges, frontispice en 2 états. *Id.*, 1873, in-12, broché.

Le premier volume n'a été imprimé qu'à 60 exemplaires, tous sur papier de Hollande.

645. DUMAS (Alexandre). Crimes célèbres. *Paris, Administration de librairie,* 1842-1847, 8 vol. in-8, brochés (*Couv. illust.*).

Figures sur acier.

646. DUMAS FILS (Alexandre). Les Femmes qui tuent et les femmes qui votent. *Paris, Calmann Lévy*, 1880, in-12, broché.

Edition originale.
Un des 20 exemplaires (n° 4) imprimés sur papier de Hollande.

647. ÉMAUX DE PETITOT (Les) du musée impérial du Louvre. Portraits de personnages historiques et de femmes célèbres du siècle de Louis XIV, gravés au burin par M.-L. Céroni. *Paris, Blaisot*, 1862-1864, 2 tomes en 3 vol. in-4, cart. toile jaune, non rognés.

Un des 100 exemplaires avec les 50 portraits en premier tirage (épreuves d'artistes) sur papier de Chine.

648. ERASME. Éloge de la folie, traduit par Victor Develay, et accompagné des dessins de Hans Holbein. *Paris, Librairie des bibliophiles*, 1872, in-8, dos et coins mar. rouge, tête dor., non rogné.

649. FEUILLET (Octave). Le Divorce de Juliette. Charybde et Scylla. Le Curé de Bourron. *Paris, Calmann Lévy*, 1889, in-12, broché.

Edition originale.
Un des 50 exemplaires (n° 42), imprimés sur papier de Hollande.

650. FLORIAN. Fables. Préface par Anatole de Montaiglon, compositions inédites de Moreau, gravées par Martial. *Paris, P. Rouquette*, 1882. — La Fontaine. Fables avec une préface par M. Théodore de Banville. Compositions inédites de Moreau, gravées par Milius. *Id.*, 1883, 2 vol. — Ens. 3 vol. in-12 carré, brochés.

Un des 80 exemplaires (n° 17) imprimés sur papier du Japon. On y a joint 2 cartons contenant le tirage à part des figures des *Fables* de Florian en 2 états dont l'eau-forte pure et celui des figures de La Fontaine en 4 états : eaux-fortes pures et avant lettre, en noir et en bistre.

651. FRANÇAIS (Les), peints par eux-mêmes, types et portraits humoristiques à la plume et au crayon. Mœurs contemporaines par H. de Balzac, Léon Gozlan, J. Janin, F. Soulié, etc., etc. Illustrations de Messonier, Daubigny, Gavarni, H. Daumier, etc., etc. *Paris, J. Philippart, s. d.*, 4 vol. gr. in-8, brochés.

Nombreuses illustrations dans le texte.

652. GAFFAREL (Paul). L'Algérie. Histoire, conquête et colonisation. Ouvrage illustré de 4 chromolithographies, de 3 belles cartes en couleur et de plus de 200 gravures sur bois, dont 22 hors texte. *Paris, Firmin Didot et Cie*, 1883, gr. in-8, broché.

653. GALERIE de M. M. Pereire. Catalogue des tableaux anciens et

modernes des diverses écoles. *Paris,* 1872, gr. in-8, demi-rel. mar. rouge, tête dor., ébarbé.

Nombreuses eaux-fortes hors texte et prix d'adjudication marqués à l'encre.

654. GAZETTE DES BEAUX-ARTS. Courrier européen de l'art et de la curiosité. De l'origine, 1859, à 1902 inclus. *Paris,* 1859-1902, 77 vol. in-8, dont 67 vol. dos et coins mar. vert et 10 années (les dernières) brochées.

On y a joint les *Tables* pour les années 1859-1880 inclus ; et un annuaire pour l'année 1869.
Bonne reliure.

655. GAZETTE DU BAGNE (rédacteur en chef, Maxime Lisbonne). *Paris,* novembre 1885, 5 nos en 1 vol. in-fol., dos et coins, cartonn. toile rouge.

On y a joint deux affiches : Ouverture de la Taverne du Bagne et de la Brasserie des frites révolutionnaires.

656. GILBERT. Œuvres complètes, publiées pour la première fois avec les corrections de l'auteur et les variantes, accompagnées de notes littéraires et historiques. *A Paris, chez Dalibon,* 1823, in-8, dos et coins mar. noir, tête dor., non rogné (*Rel. de l'époque*).

Exemplaire imprimé sur GRAND PAPIER VÉLIN, contenant le portrait et les 4 figures de *Desenne,* en épreuves AVANT la lettre.
On y a joint l'EAU-FORTE du portrait de Gilbert.

657. GIRARD. Lettre d'un candidat ou l'entrée à Bibliopolis. *Paris, imprimé pour A. Girard,* 1896, in-8, broché.

Tiré à 115 exemplaires sur papier whatman ; eaux-fortes de *Gaujean,* d'après *Paul Avril,* en trois états.

658. GLINEL (Charles). Alexandre Dumas et son œuvre. Notes biographiques et bibliographiques. *Reims, F. Michaud,* 1884, in-8, broché.

Tirage à 325 exemplaires.

659. GOLDSMITH. Le Vicaire de Wakefield, traduit en français, avec le texte anglais en regard, par Charles Nodier, précédé d'une notice par le même sur la vie et les ouvrages de Goldsmith, et suivi de quelques notes. *Paris, Bourgueleret,* 1838, in-8, demi-rel. mar. rouge à longs grains, dos orné, tr. marb. (*Rel. de l'époque*).

PREMIER TIRAGE.
Exemplaire avec les papiers de soie des légendes.

660. GONCOURT (Edm. et J. de). Gavarni. L'homme et l'œuvre. Ouvrage enrichi du portrait de Gavarni, gravé à l'eau-forte par Flameng, d'après un dessin de l'artiste et d'un fac-simile d'auto-

graphe. *Paris, Plon,* 1873, in-8, cartonn. toile bleue, non rogné.

Un des 30 exemplaires imprimés sur PAPIER VERGÉ, avec un envoi autographe d'Edmond de Goncourt à M. Mahérault.

661. GOURDAULT (Jules). La Suisse. Études et voyages à travers les 22 cantons. Ouvrage illustré de 750 gravures sur bois. *Paris, Hachette et Cie*, 1879-1880, 2 vol. in-fol., dos et coins mar. grenat, non rognés.

662. GOZLAN (Léon). Œuvres. *Paris, Alphonse Lemerre,* 1873-1875, 2 vol. pet. in-12, brochés.

Un des 20 exemplaires imprimés sur PAPIER DE CHINE.

663. GRAND-CARTERET (J.). Les Mœurs de la caricature en France. 8 planches en couleur, 36 planches hors texte, 500 illustrations dans le texte. *Paris, à la Librairie illustrée, s. d.,* gr. in-8, broché.

664. GRAVURE. 3 vol. in-8, brochés, et un vol. cartonn. demi-toile grise. — Ens. 4 vol.

BELLIER DE LA CHAVIGNERIE (Émile). Biographie et catalogue de l'œuvre de Miger. *Dumoulin,* 1856. — GUIFFREY (J.). L'Œuvre de Ch. Jacque. *Mlle Lemaire,* 1866. — HADEN (Francis-Seymour). L'œuvre gravé de Rembrandt, étude monographique. *Paris,* 1880. — PORTALIS (Bon Roger). Charles-Étienne Gaucher, graveur. *Morgand,* 1879.

665. GROUCHY (maréchal de). Mémoires, par le marquis de Grouchy. *Paris, Dentu,* 1873-1874, 5 vol. in-8, brochés.

666. HALÉVY (Ludovic). L'Invasion, souvenirs et récits. *Paris, Michel Lévy,* 1872, in-12, broché.

ÉDITION ORIGINALE.
Un des 30 exemplaires (no 21) imprimés sur PAPIER DE HOLLANDE.
Sur le faux-titre, envoi de l'auteur à Francisque Sarcey.

667. HAVARD (Henry). La Hollande à vol d'oiseau. Eaux-fortes et fusains par Maxime Lalanne. *Paris, G. Decaux,* 1881, gr. in-8, figures, cartonn., dos et coins toile vert foncé, non rogné (*Couvert.*).

Un des 100 exemplaires imprimés sur PAPIER DE HOLLANDE (no 78), avec les 24 gravures hors texte en deux états : avant la lettre sur Chine, et avec la lettre.

668. HAVARD (Henry). Amsterdam et Venise. Ouvrage enrichi de sept eaux-fortes, par MM. Léopold Flameng et Gaucherel, et de 124 gravures sur bois. *Paris, E. Plon et Cie,* 1876, 1 tome en 2 vol., 2 gr. in-8, figures, cartonn., dos bas. rouge, non rognés.

669. HÉDOU (Jules). Noël Le Mire et son œuvre, suivi du catalogue de l'œuvre gravé de Louis Le Mire. Portrait à l'eau-forte par Gil-

bert. *Paris, Baur,* 1875, in-8, papier de Holl., dos et coins chagrin grenat, tête dor., non rogné (*Couvert.*).

Exemplaire monté sur onglets.

670. HÉDOU (Jules). Jean Le Prince et son œuvre, suivi de nombreux documents inédits. Portrait à l'eau-forte par A. Gilbert. *A Paris, chez Baur et Rapilly,* 1879, in-8, papier de Holl., dos et coins chagrin grenat, jans., tête dor., non rogné (*Couvert.*).

Exemplaire monté sur onglets.

671. HOFFMANN. Contes fantastiques. Traduction nouvelle, précédés de souvenirs intimes sur la vie de l'auteur par P. Christian. Illustrés par Gavarni. *Paris, Lavigne,* 1843, in-8, broché (*Couvert.*).

PREMIER TIRAGE.

Exemplaire très frais, auquel il manque le cahier 30 (pages 233-240).

672. HOUSSAYE (Arsène). Les grandes Dames. *Paris, E. Dentu,* 1868, 4 vol. — Les Parisiennes. *Ibid., Id.,* 1869, 4 vol. — Les Courtisanes du monde. *Ibid., Idem,* 1870, 4 vol. — Mademoiselle trente-six vertus. *Ibid., Id.,* 1873. — Ens. 13 vol. in-8, figures, brochés.

673. HOUSSAYE (Henry). Discours de réception à l'Académie ; réponse de M. Ferdinand Brunetière. *Paris, Perrin et Cie*, 1896, brochure in-8, papier de Holl.

Sur le faux-titre :

A Monsieur Charles Ouachée, souvenir de son confrère des Amis des livres.

H. HOUSSAYE.

674. IMAGERIE DE LA FAÏENCE ; assiettes à emblèmes patriotiques ; période révolutionnaire, 1789 à 1795. *Beauvais,* 1865, in-4, cartonn. illust. (*Rel. de l'éditeur*).

118 planches lithographiées en couleurs.

675. JANIN (Jules). 4 vol. in-12 et in-16, dont 1 vol. dos et coins mar. bleu et les autres brochés.

Discours de réception à la porte de l'Académie française. *Jules Tardieu,* 1865. — Les Amours du chevalier de Fosseuse. *J. Miard,* 1867. — Béranger et son temps, frontispice avec portrait à l'eau-forte de Staal. *René Pincebourde,* 1866, 2 vol.

EDITIONS ORIGINALES sauf pour le dernier ouvrage.

On y a joint : Le Critique Jules Janin et le dramaturge Alexandre Dumas à propos des demoiselles de Saint-Cyr, comédie en cinq actes ; extraits du journal des Débats et de la Presse. *Paris, chez tous les libraires,* 1843, in-12, demi-mar. bleu.

EDITION ORIGINALE.

676. JOUY (Etienne). Œuvres complètes avec des éclaircissements

et des notes. *Paris, Imp. de Jules Didot,* 1823-1828, 27 vol. in-8, demi-rel. veau vert, dos orné, non rognés (*Thouvenin*).

Bel exemplaire imprimé sur GRAND PAPIER VÉLIN.

677. LABÉ (Louise). Œuvres. Nouvelle édition publiée par M. Edwin Tross et imprimée en caractères dits de civilité. *Paris, Tross,* 1871, in-8, broché.

Edition tirée à 150 exemplaires sur papier vergé.

678. LA BRUYÈRE. Œuvres. Nouvelle édition revue sur les plus anciennes impressions et les autographes et augmentée de morceaux inédits, des variantes, de notices, de notes, d'un lexique des mots et locutions remarquables, d'un portrait, de fac-simile, etc., par M. G. Servois. *Paris, Hachette et Cie,* 1865-1882, 3 vol. et album in-8, brochés.

De la collection *Les grands Écrivains de la France.*
Un des 150 exemplaires (n° 97) imprimés sur PAPIER GRAND RAISIN VÉLIN.

679. LACROIX (Paul). XVIIe Siècle. Institutions, usages et costumes. France 1590-1700. *Paris, Firmin-Didot,* 1880. — XVIIe Siècle. Lettres, sciences et arts. *Ibid., Id.,* 1882. — XVIIIe Siècle. Institutions, usages et costumes. *Ibid., Id.,* 1875. — XVIIIe Siècle. Lettres, sciences et arts. France 1700-1789. *Ibid., Idem,* 1878. — Ens. 4 vol. gr. in-8, figures, en feuilles dans des cartons, toile rouge et verte, non rognés.

Exemplaires sur PAPIER DE CHINE.

680. LACROIX (Paul) [bibliophile Jacob]. Le Roi des Ribauds, histoire du temps de Louis XII. *Paris, Eug. Renduel,* 1831, 2 vol. in-8, front., demi-rel. chagrin brun, ébarbés.

EDITION ORIGINALE.

681. LA FONTAINE. Contes et nouvelles. Edition illustrée par MM. Tony Johannot, Cam. Roqueplan, Deveria, C. Boulanger, Fragonard père, Janet-Lange, Français, etc. *Paris, Ernest Bourdin, s. d.* (1839), in-8, demi-rel. bas. verte, dos orné, non rogné.

PREMIER TIRAGE.

682. LA FONTAINE. Contes, avec illustrations de Fragonard. Réimpression de l'édition de Didot, 1795, revue et augmentée d'une notice par M. Anatole de Montaiglon. *Paris, Lemonnyer,* 1883, 2 vol. in-4, en feuilles, avec les couvertures de livraisons.

Un des 100 exemplaires (n° 60) imprimés sur PAPIER DU JAPON, contenant les illustrations en 2 états : en noir et en bistre.

683. LA FONTAINE. Figures de Fragonard gravées par Martial et destinées à orner la réimpression des contes et nouvelles en vers,

édition Didot, 1795. *Paris, Rouquette, s. d.*, in-fol. en feuilles, dans 2 cartons.

Epreuves en deux états : eaux-fortes pures et eaux-fortes terminées, avant la lettre, tirées en bistre.

On y joint : 1° les 14 compositions par Martial, pour faire suite aux 60 planches gravées par le même artiste d'après les originaux de Fragonard qui laissaient sans estampes 13 contes de La Fontaine. *Paris, s. d.*, in-fol. en feuilles, épreuves en 2 états : eaux-fortes pures et eaux-fortes terminées, tirées en bistre. — 2° 20 estampes, 1 portrait de Fragonard et 1 fleuron, gravées par *T. de Mare*, d'après *Fragonard* et *Touzé*, pour l'édition des contes Didot, 1795. *Paris, Conquet*, 1881, épreuves sur Japon, avant la lettre, tirées en bistre. On y joint 3 eaux-fortes supplémentaires. — 3° 1 portrait de La Fontaine et 1 portrait de Fragonard en 2 états : en noir et en bistre. — 4° 6 eaux-fortes diverses pour illustrer les *Contes*.

684. LA FONTAINE. Fables. Edition taille-douce. *Paris, Lecointe et Pougin*, 1834, 2 vol. in-4, dos et coins bas. grenat, fil.

Chaque page est ornée d'une gravure, avec le texte de la fable, gravé au-dessous.

685. LA FONTAINE. Fables, avec les dessins de Gustave Doré. *Paris, Hachette et Cie*, 1867, 2 vol. in-fol., cartonn. toile rouge (*Rel. des éditeurs*).

PREMIER TIRAGE, contenant un portrait de La Fontaine et 84 planches sur papier de Chine.

686. LA FONTAINE. Œuvres. Nouvelle édition revue sur les plus anciennes impressions et les autographes et augmentée de variantes, de notices, de notes, d'un lexique des mots et locutions remarquables, de portraits, de fac-simile, etc., par M. Henri Régnier. *Paris, Hachette et Cie*, 1883-1892, 11 vol. et album in-8, brochés.

De la collection *Les grands Ecrivains de la France*.

Un des 150 exemplaires (n° 112) imprimés sur PAPIER GRAND RAISIN VÉLIN.

687. LARCHEY (Lorédan). Dictionnaire historique d'argot, septième édition des Excentricités du langage, considérablement augmentée et mise à la hauteur des révolutions du jour. *Paris, E. Dentu*, 1878, in-12, broché (*Couvert. illust.*).

Exemplaire imprimé sur PAPIER DE HOLLANDE.

688. LA ROCHEFOUCAULD. Œuvres. Nouvelle édition revue sur les plus anciennes impressions et les autographes et augmentée de morceaux inédits, des variantes, de notices, de notes, de tables particulières pour les Maximes et pour les Mémoires, d'un lexique des mots et locutions remarquables, d'un portrait, de fac-simile,

etc., par M. D.-L. Gilbert. *Paris, Hachette et Cie*, 1868-1883, 3 tomes en 4 vol. et album in-8, brochés.

De la collection *Les grands Ecrivains de la France.*
Un des 150 exemplaires (n° 97) imprimés sur PAPIER GRAND RAISIN VÉLIN.

689. L'ÉCLIPSE. Journal hebdomadaire, politique, satirique, illustré par Gill. De l'origine, 26 janvier 1868, au 25 juin 1876. 400 numéros en 9 vol. in-fol., cartonn. dos et coins toile grise, non rognés.

Collection complète.

690. LEMERCIER DE NEUVILLE. La fille Élisa, scène d'atelier en un acte par un auteur bien connu avec illustrations d'un artiste aussi renommé qu'original. *A Rome, au temple de Vénus (Paris, Imp. Hugonis), s. d.*, in-12, 2 eaux-fortes, broché (*Couvert.*).

Tiré à petit nombre sur papier vergé. Parodie du roman d'Edmond de Goncourt.

691. LEVRETTE EN PAL'TOT (La). *S. l. n. d.*, in-8, monté sur onglets, dos et coins mar. vert, tête dor., non rogné.

7 eaux-fortes, dont le titre.

692. LIVRES CONTEMPORAINS ILLUSTRÉS. 2 vol. gr. in-8, cartonn. toile bleue et grise et 3 vol. in-8, brochés. — Ens. 5 vol.

ABOUT (Edmond). Le Roman d'un brave homme. *Hachette*, 1882. — BERTHET (Elie). Les petits écoliers dans les cinq parties du monde. *Furne*, 1878. — CHAMPFLEURY. Les bons contes font les bons amis. *Truchy, s. d.* — GIRARDIN (J.). Tom Brown, scènes de la vie de collège en Angleterre. *Hachette*, 1876. — LEGOUVÉ (Ernest). Nos filles et nos fils. *Hetzel, s. d.*

693. LIVRES ILLUSTRÉS DU XIXe SIÈCLE. 5 vol. in-8, demi-rel. chag. et demi-bas. (*Rel. des éditeurs*).

ALBUM de la Syrie et de l'Égypte. *Aubert*, 1841. — CHRISTIAN (P.). L'Afrique française, l'Empire de Maroc. *Barbier, s. d.* — PARIS-LONDRES, keepsake français. 1842. *H. Delloye*, 1842. — RAMBOSSON. Histoire et légendes des plantes. *Didot*, 1868. — Les rois de France. *Gavard, s. d.*

694. LIVRES ILLUSTRÉS DU XIXe SIÈCLE. 4 vol. in-8, rel. des éditeurs, 1 vol. in-8 broché et 1 vol. in-12, veau rouge orné à froid. — Ens. 6 vol.

CHATEAUBRIAND (Vte de). Génie du christianisme. *Pourrat*, 1838. — FÉNELON. Les Aventures de Télémaque. *Bourdin, s. d.* (1840) (les fig. sont sur papier de Chine). — GRANDVILLE. Scènes de la vie privée et publique des animaux. *J. Hetzel*, 1842, 2 vol. — Les Etrangers à Paris. *Charles Warée, s. d.* (2 planches manquent). — PONGERVILLE. Amours mythologiques. *Delaforest*, 1827.
PREMIER TIRAGE, sauf pour le dernier volume.

695. LIVRES ILLUSTRÉS DU XIXe SIÈCLE. 6 vol. in-8, demi-chag. vert et rouge (*Rel. des éditeurs*).

ACHARD (Amédée). Une Saison à Aix-les-Bains. *Bourdin, s. d.* — ANDERSEN. Nouveaux contes danois. *Garnier, s. d.* — BOCCACE. Contes. *Barbier,* 1846. — SUE (Eugène). Les Mystères de Paris. *Paris,* 1851, 2 vol. — TOPFFER (R.). Nouveaux voyages en zigzag. *Victor Lecou,* 1854.
PREMIER TIRAGE, sauf pour les *Mystères de Paris.*

696. LIVRES ILLUSTRÉS DU XIXe SIÈCLE. 4 vol. in-8, dont 1 vol. dos et coins toile verte et 4 vol. in-12, brochés (*Couvert. illust.*).

APULÉE. L'Ane d'or ou la métamorphose. *Didot, s. d.* — BEAUMONT (E. de). Un Drame dans une carafe. *Librairie des bibliophiles,* 1882. — CHAMPFLEURY. Grandeur et décadence d'une serinette. *E. Blanchard,* 1857. — CHAMPSAUR (Félicien). Les Etoiles. *E. Dentu, s. d. (sur papier du Japon).* — CLARETIE (Jules). Un Enlèvement au XVIIIe siècle. *Id.,* 1882. — IMBERT. Les Bienfaits du sommeil ou les quatre rêves accomplis. *J. Lemonnyer,* 1883. — LASALLE (Albert de). L'Hôtel des haricots. *E. Dentu, s. d.* — QUATRELLES. Le Chevalier Beau-temps. *A. Pougin, s. d.*

697. LONGUS. Daphnis et Chloé ou les pastorales de Longus, traduites du grec par J. Amyot. Nouvelle édition revue, corrigée et complétée. *Paris, Leclère,* 1863, in-8, broché.

On y a ajouté : le portrait d'Amyot en 2 états : en noir et en bistre, et le TIRAGE A PART, sur blanc, des 4 vignettes d'après *Eisen.*

698. LUNE (La) paraissant toutes les nouvelles lunes. De l'origine, octobre 1865, au 17 janvier 1868. 98 numéros en 1 vol. in-fol., cartonn. dos et coins toile rouge, non rogné.

Caricatures d'*André Gill.*

699. MAHÉRAULT (J.-F.). L'œuvre de Moreau le jeune. Catalogue raisonné et descriptif avec notes iconographiques et bibliographiques. Orné d'un portrait de l'auteur par Le Rat et précédé d'une notice biographique par Emile de Najac. *Paris, Ad. Labitte,* 1880, in-8, broché.

Exemplaire imprimé sur PAPIER WHATMAN.

700. MAHÉRAULT (J.-F.). L'œuvre de Moreau le jeune. Même ouvrage. *Paris, Labitte,* 1880, in-8, broché.

Exemplaire de travail, imprimé sur papier vergé, contenant de nombreuses soulignures à l'encre rouge.

701. MALHERBE. Œuvres complètes recueillies et annotées par M. L. Lalanne. Nouvelle édition revue sur les autographes, les copies les p us authentiques et les plus anciennes impressions et augmentée de notices, de variantes, de notes, d'un lexique des mots et locutions remarquables, d'un portrait, d'un fac-simile, etc.

Paris, Hachette et Cie, 1862-1869, 5 vol. et album in-8, brochés.

De la collection *Les grands Ecrivains de la France*.
Un des 150 exemplaires (n° 97) imprimés sur PAPIER GRAND RAISIN VÉLIN.

702. MALOT (Hector). Zyte. *Paris, G. Charpentier et Cie*, 1886. — Conscience. *Ibid., Id.*, 1888. — Ens. 2 vol. in-12, brochés.

ÉDITIONS ORIGINALES.
Exemplaires imprimés sur PAPIER DE HOLLANDE.

703. MARBOT (Général, baron de). Mémoires. *Paris, Plon, Nourrit et Cie*, 1892, 3 vol. in-8, portrait, brochés.

704. MARGUERITE DE NAVARRE. Les sept journées de la reine de Navarre suivies de la huitième. Notice et notes par Paul Lacroix, index et glossaire. Planches à l'eau-forte par Flameng. *Paris, Librairie des bibliophiles*, 1872, 4 vol. in-8, brochés.

Un des 100 exemplaires (n° 70) imprimés sur PAPIER DE HOLLANDE.

705. MARIE (Adrien). Une Journée d'enfant, compositions inédites par Adrien Marie, vingt planches en héliogravure de Dujardin. *Paris, H. Launette*, 1883, in-4, cartonn. illust. (*Rel. de l'éditeur*).

706. MAROT (Clément). Œuvres. *Lyon, N. Scheuring*, 1869-1870. 2 vol. pet. in-8, brochés.

Un des 50 exemplaires (n° 40) imprimés sur PAPIER DE HOLLANDE.

707. MEAUME (Edouard) 1637-1714. Sébastien Le Clerc et son œuvre. Ouvrage couronné par l'Académie de Metz, orné d'une eau-forte rare reproduite par Amand Durand et d'un fac-simile de l'écriture de Séb. Le Clerc. *Paris, Baur et Rapilly*, 1877, in-8, broché.

Tirage à 205 exemplaires sur PAPIER DE HOLLANDE.

708. MÉRY. Marseille et les Marseillais. *Paris*, 1860, in-12. (Exemplaire d'épreuves contenant de nombreuses corrections autographes de Méry.) — Heva. *Paris, Dumont*, 1843, in-8 (ÉDIT. ORIG.). — La Floride. *Paris, Magen*, 1846, 2 vol. in-8 (ÉDIT. ORIG.). — L'Univers et la maison, comédie en cinq actes et en vers. Paris, 1846, in-8. — Ens. 5 vol. brochés.

Les couvertures des quatre derniers volumes sont en mauvais état.

709. NAPOLÉON III. Histoire de Jules César. *Paris, Henri Plon*, 1865-1866, 2 vol. gr. in-8 et 1 vol. de planches in-4, brochés.

Exemplaire avec le cachet du cabinet de l'Empereur offert à M. Hurt-Binet, on y a joint les deux lettres d'envoi.
Les planches *bis* manquent.

710. OHNET (Georges). La comtesse Sarah. *Paris, Paul Ollendorff*,

1883. — Serge Panine. *Id.*, 1883. — La grande Marnière. *Id.*, 1885. — Ens. 3 vol. in-12, brochés.

Editions originales.
Exemplaires imprimés sur papier de Hollande.

711. PANHARD (F.). Joseph de Longueil. Sa vie, son œuvre. Illustré d'un portrait par P. Adolphe Varin et d'une suite de reproductions de gravures. *Paris, Morgand et Fatout*, 1880, gr. in-8, broché.

Un des 30 exemplaires (n° 28) imprimés sur papier Whatman.

712. PARIS GUIDE par les principaux écrivains et artistes de la France. La Science, l'Art, la Vie. *Paris, A. Lacroix, Verboeckhoven et Cie*, 1867, 2 vol. in-8, mar. vert, fil. à froid, chiffres au dos et aux angles des plats, gardes en moire rouge, dent. int. composée de chiffres.

Exemplaire au chiffre d'Arnauldet et imprimé sur papier de Chine.
Email de Claudius Popelin représentant les armes de la ville de Paris sur le plat du tome premier.
On y a joint quatre lettres autographes de Claudius Papelin relatives à l'émail.

713. PASCAL (Adrien). Histoire de l'armée et de tous les régiments depuis les premiers temps de la monarchie française jusqu'à nos jours. *Paris, A. Barbier*, 1847-1858, 4 vol. gr. in-8, figures, demi-rel. bas. bleu foncé, dos orné, tr. jasp. (*Rel. de l'époque*).

Edition illustrée de nombreuses planches coloriées de costumes, hors texte, par *Philippoteaux, E. Charpentier, H. Bellangé*, etc., etc.
Sans le 5e volume.

714. PASCAL (Blaise). Œuvres. Nouvelle édition d'après les manuscrits autographes, les copies authentiques et les éditions originales... par M. Prosper Faugère et Léon Brunschvigg. *Paris, Hachette & Cie*, 1886-1904, 5 vol. in-8, brochés.

De la collection *Les grands Ecrivains de la France.*
Un des 200 exemplaires (n° 98) imprimés sur papier grand raisin vélin.

715. PETITE COLLECTION ANTIQUE. *Paris, A. Quantin*, 1878-1887, 13 vol. in-32, brochés.

Anacréon et Sapho. Poésies. Traduction en vers de M. de la Roche-Aymon. Illustrations de P. Avril. — Apulée. L'Amour et Psyché, grav. d'après Natoire. Notices par A. Pons. — Horace. Odes et Épodes. Traduction nouvelle du comte Seguier, gravures de Méaulle. — Longus. Daphnis et Chloé, grav. de Scott. Notices par A. Pons. — Lucien. Dialogues des courtisanes. Traduction et notices par A.-J. Pons. Illustrations par H. Scott et F. Méaulle. — Lucius. L'Ane. Traduction de Paul-Louis Courier. Illustrations de Poirson. — Musée. Héro et Léandre. Dessins de Pfnor, gravures de Méaulle, notices par A. Pons. — Ovide. Les Amours. Traduction du Cte de Séguier, gravure de Méaulle, dessins de Meyer. — Properce. Les Élégies. Traduction en vers de

M. de La Roche-Aymon. Dessins de Besnier, gravures de Méaulle. — Tatius (A). Leucippe et Clitophon, gravures de Méaulle, traduction de A. Pons. — Apollonius de Rhodes. Jason et Médée, gravures de Méaulle, traduction et notices de A. Pons. — Théocrite. Les Idylles. Traduction de J.-A. Guillet, gravures de Méaulle, 1884. — Virgile. Les Bucoliques. Traduction d'André Lefèvre, illustrations d'Auguste Leloir.

Un des 50 exemplaires imprimés sur papier du Japon.
Apulée. L'*Amour et Psyché* est sur papier ordinaire.

716. PETITE LUNE (La). Dessins de Gill. *Paris, s. d.*, 52 n^{os} en 1 vol., pet. in-4, cartonn. dos et coins toile rouge, non rogné.

On y joint : L'Esclave ivre, 4 premiers numéros, illustrations coloriées par André Gill, in-4, cartonn. demi-toile rouge, non rogné.

717. PETITS PARIS (Les). *Paris, Alphonse Taride*, 1854-1876, 25 vol. in-16, cartonn. demi-toile bleue et 2 vol. in-16, cartonn. toile grise. — Ens. 27 vol. (*Couvert. illust.*).

Paris-médecin. — Paris-saltimbanque. — Paris-un-de-plus. — Paris-fumeur. — Paris-Faublas. — Paris-actrice. — Paris-à-l'exposition. — Paris-avocat. — Paris-étranger. — Paris-restaurant. — Paris-boursier, etc., etc.

718. PETITS CONTEURS DU XVIIIe SIÈCLE. *Paris, A. Quantin*, 1878-1883, 12 vol. pet. in-8, figures, brochés.

Besenval (B^{on} de). Contes. — Boufflers. Contes, etc. — Caylus (Cte de). Facéties. — Cazotte (J.). Contes. Mille et une fadaises. La Patte du chat. Contes divers, etc. — Crébillon fils. Contes dialogués. — Duclos (Charles Pinot). Contes. — Fromaget. Contes. — Godard d'Aucour. Contes. — La Morlière. Contes. — Moncrif (A. P. de). Contes. — Restif de la Bretonne. Contes. — Voisenon (L'abbé de). Contes.

On y a ajouté les eaux-fortes par *H. Dubouchet, A. Poirson* et *A. Gery-Bichard*, pour Caylus, Boufflers et Voisenon.

719. PETITS POÈTES DU XVIIIe SIÈCLE (des). *Paris, A. Quantin*, 1879-1883, 7 vol. pet. in-8, portraits, brochés.

Bertin (A.). Poésies. — Desforges-Maillard. Poésies diverses. — Gilbert. Poésies diverses. — Gresset. Poésies choisies. — Lataignant. Poésies diverses, etc. — Piron (Alexis). Poésies choisies. — Vadé (Joseph). Poésies et lettres facétieuses.

720. PHYSIOLOGIES. Texte par Louis Huart, Ed. Lemoine, L. Couailhac, Ch. Marchal, P. de Kock, etc., etc. Dessins par H. Emy, Alophe, Janet-Lange, Maurisset, J. Vernier, Gavarni, etc. *Paris, Fiquet, Laisné, Aubert, Géruzet, etc.*, 1840-1842, 14 vol. in-18, dont 12 cartonn. toile grise, non rognés, 1 dos et coins mar. La Vall. clair, tête dor., non rogné (*David*) et 1 broché (*Couvert. à tous les volumes*).

Physiologies du Cocu, de la Femme, de l'Homme à bonnes fortunes, de l'Etudiant, du Bas-bleu, des Amoureux, de l'Homme marié, du

Parisien en province, du Théâtre, du Carnaval, du Fumeur, du Député.

Les Physiologies de l'*homme à bonnes fortunes* et du *théâtre* sont en double.

721\. PICTET (Adolphe). Une Course à Chamounix, fantaisie artistique pour servir de supplément aux lettres d'un voyageur, par..... n'importe. Seconde édition. *Paris, Benj. Duprat*, 1840, pet. in-8, broché (*Couvert.*).

3 vignettes tirées sur papier de Chine.
La couverture porte la date de 1838.
Petites taches d'encre au faux-titre et mouillures.

722\. PIEDAGNEL (Alexandre). J.-F. Millet. Souvenirs de Barbizon. Avec un portrait et 9 eaux-fortes, par Ch. Beauverie, Max. Lalanne, Ad. Lalauze, F. Rops, etc., et un fac-simile d'autographe. *Paris, Vve A. Cadart*, 1876, gr. in-8, broché.

Édition originale.
Exemplaire avec un envoi autographe de l'auteur à Émile Bergerat.

723\. PIEDAGNEL (Alexandre). Hier. *Paris, Motteroz*, 1881, in-8, vignettes de Paul Avril, broché.

Édition originale.
Un des 100 exemplaires (nº 68) imprimés sur papier du Japon.

724\. PIIS (M. de). Chansons nouvelles dédiées à Monseigneur Comte d'Artois et ornées de douze jolies estampes, gravées par M. Gaucher, d'après les dessins de M. Le Barbier. *A Paris, chez Defer de Maisonneuve, s. d.* (*Paris, Rouquette*, 1891), pet. in-12, broché.

Réimpression tirée à 300 exemplaires.

725\. PORTALIS (Baron Roger). Les Dessinateurs d'illustrations au dix-huitième siècle. *Paris, Morgand et Fatout*, 1877, 2 vol. in-8, pap. de Holl., brochés.

726\. PORTALIS (Baron Roger) et BÉRALDI (Henri). Les Graveurs du dix-huitième siècle. *Paris, Morgand et Fatout*, 1880-1882, 3 vol. in-8, brochés.

Exemplaire imprimé sur papier de Hollande.
On y a joint la suite de 40 portraits gravés par *Varin*, en deux états : noir et bistre.

727\. PRÉVOST (l'abbé). Manon Lescaut. *Paris, chez D. Jouaust*, 1867, in-8, demi-rel. mar. citron, dos orné, tête dor., non rogné (*R. Petit*).

Un des 300 exemplaires imprimés sur papier de Hollande, contenant la suite des 6 eaux-fortes d'*Hédouin*.
On y a joint une suite de 4 figures, gravées par *Pigeot* et *Leroux*, d'après *Desenne*.

728. PRIVAT D'ANGLEMONT (A.). Paris anecdote, avec une préface et des notes par Charles Monselet. Édition illustrée de 50 dessins à la plume par J. Belon et d'un portrait gravé à l'eau-forte par R. de Los Rios. — Paris inconnu, avec une étude sur la vie de l'auteur par Alfred Delvau. 63 dessins à la plume par F. Coindre. *Paris, Rouquette*, 1885-1886, 2 vol. in-8, brochés.

Un des 50 exemplaires imprimés sur PAPIER DU JAPON, contenant les illustrations en deux états.

729. PUBLICATIONS DE LA LIBRAIRIE ROUVEYRE. *Paris, Ed. Rouveyre*, 1881-1883, 9 vol. pet. in-8, brochés.

BRIO (Carolus). A huis-clos. Illustrations de Marius Perret, 1882. — ÉTINCELLE (Bonne Double). Carnet d'un mondain, gazette parisienne, anecdotique et curieuse, 1881, 2 vol. — JAYBERT (B.). Trois dizains de contes gaulois. Illustrations de Le Natur, 1882. — Les Après-Soupers. Illustrations de Henriot, 1883. — MAIZEROY (René). Le Mal d'aimer. Illustrations de Courboin, 1882. — Mire lon la. Illustrations de Jeanniot, 1882. — MEUNIER (L.-V.). Miettes d'amour. Illustrations de A. Ferdinandus, 1882. — UZANNE (Octave). Les Surprises du cœur, 1881.

730. RABELAIS. Œuvres. Édition Variorum, augmentée de pièces inédites, des songes drolatiques de Pantagruel, ouvrage posthume, avec l'explication en regard ; des remarques de Le Duchat, de Bernier, de Le Motteux, etc., etc., et d'un nouveau commentaire historique et philologique par Esmangart et Éloi Johanneau. *A Paris, chez Dalibon*, 1823, 9 vol. in-8, brochés.

Belle édition ornée d'un portrait, d'une carte et de 9 figures d'après *Deveria*.

Exemplaire imprimé sur PAPIER VÉLIN.

731. RÉGENCE (La), portefeuille d'un roué, publié par Roger de Parnes, avec préface par Georges d'Heylli. *Paris, E. Rouveyre*, 1881. — Anecdotes secrètes du règne de Louis XV, portefeuille d'un petit maître, publié par Roger de Parnes, avec préface par Georges d'Heylli. *Id.*, 1882. — Ens. 2 vol. in-8, brochés (*Couvert. illust.*).

Tiré à petit nombre.

732. REGNIER. Œuvres complètes. Nouvelle édition avec le commentaire de Brossette publié en 1729. *A Paris, chez E.-A. Lequien*, 1822, in-8, mar. vert, fil. à froid, dent. int., tête dor., ébarbé (*Koehler*).

Exemplaire imprimé sur PAPIER VÉLIN.

733. RENAN (Ernest). Études d'histoire religieuse. *Paris, Michel Lévy*, 1857. — Nouvelles études d'histoire religieuse. *Paris, Calmann Lévy*, 1884. — L'Abbesse de Jouarre, drame. *Id.*, 1886. — Ens. 3 vol. in-8, brochés.

ÉDITIONS ORIGINALES.

734. RETZ (cardinal de). Œuvres. Nouvelle édition revue sur les autographes et sur les plus anciennes impressions et augmentée de morceaux inédits, des variantes, de notices, de notes, d'un lexique, etc., par M. Alphonse Feillet. Tomes I à V. *Paris, Hachette et Cie*, 1872-1880, 5 vol. in-8, brochés.

De la collection *Les grands Écrivains de la France.*
Un des 150 exemplaires (n° 65) imprimés sur PAPIER GRAND RAISIN VÉLIN.

735. RÉUNION d'environ 140 prospectus de publications éditées par Boudet, Conquet, Ferroud, Floury, Hachette, Pelletan, Romagnol, etc., dans un carton.

On y a ajouté 10 prospectus de livres illustrés du milieu du XIXe siècle.

736. RIGAUD (Lucien). Dictionnaire des lieux communs de la conversation, du style épistolaire, du théâtre, du livre, etc., etc. *Paris, Paul Ollendorff*, 1881, in-12, broché.

ÉDITION ORIGINALE.
Un des 25 exemplaires imprimés sur PAPIER DE HOLLANDE.

737. ROBIDA (A.). Le Vingtième siècle. Textes et dessins par Robida. *Paris, Georges Decaux*, 1883, gr. in-8, broché (*Couvert. illust.*).

Un des 50 exemplaires (n° 8) imprimés sur PAPIER DU JAPON, contenant les planches coloriées en deux états : sur papier du Japon et sur papier vélin.

738. ROMANS CONTEMPORAINS imprimés sur papier de Hollande. *Paris*, 1870-1879, 3 vol. in-12, brochés.

BELOT (Adolphe). L'Article 47. *E. Dentu*, 1870. — RABUSSON (Henry). Dans le monde. *Calmann Lévy*, 1883. — UCHARD (Mario). L'Etoile de Jean. *Id.*, 1879.
ÉDITIONS ORIGINALES.

739. SAHIB (Louis-Ernest Lesage). La Frégate l'Incomprise. Voyage autour du monde, à la plume, par Sahib. *Paris, Léon Vanier*, 1876, in-4, broché (*Couvert. illust.*).

Tirage à 35 exemplaires sur PAPIER TEINTÉ.

740. SAINTE BIBLE (La). Nouvelle édition. *A Paris, chez Desoer*, 1819, 2 vol. in-8, dont 1 de planches, veau brun, fil. et pet. dent. à froid, dos orné, tr. marb. (*Rel. de l'époque*).

Le volume de planches contient 295 figures (sur 300) par *Marillier* et *Monsiau*, gravées par *De Ghendt, Dupréel, Dambrun* ; sa reliure est très fatiguée.

741. SAINT-SIMON. Mémoires. Nouvelle édition collationnée sur le manuscrit autographe, augmentée des additions de Saint-Simon au journal de Dangeau et de notes et appendices par A. de

Boislile. Tomes I à XIX. *Paris, Hachette et Cie*, 1879-1906, 19 vol. — Écrits inédits de Saint-Simon publiés sur les manuscrits conservés au dépôt des affaires étrangères. *Paris, Hachette et Cie*, 1880-1893, 8 vol. Ens. 27 vol. in-8, brochés.

De la collection *Les grands Écrivains de la France.*
Un des 200 exemplaires imprimés sur PAPIER GRAND RAISIN VÉLIN.

742. SAUTON (Georges). Les Détraquées. *Paris, Ed. Monnier et Cie*, 1885, in-12, dos et coins chag. La Vall., fil., dos orné, tête dor., ébarbé, couvert. illust. (*Smeers*).

ÉDITION ORIGINALE.
Un des 15 exemplaires imprimés sur PAPIER DE HOLLANDE.

743. SÉVIGNÉ (Mme de). Lettres de Madame de Sévigné, de sa famille et de ses amis, recueillies et annotées par M. Monmerqué. Nouvelle édition revue sur les autographes, les copies les plus authentiques et les plus anciennes impressions, et augmentée de lettres inédites, d'une nouvelle notice, d'un lexique des mots et locutions remarquables, de portraits, vues et fac-simile. *Paris, Hachette*, 1862-1866, 15 vol. et 1 album. — Lettres inédites de Mme de Sévigné à Madame de Grignan sa fille, extraites d'un ancien manuscrit, publiées pour la première fois, annotées et précédées d'une introduction par Charles Capmas. *Paris, Hachette et Cie*, 1876, 2 vol. Ens. 17 vol. in-8, brochés.

De la collection *Les grands Écrivains de la France.*
Un des 200 exemplaires imprimés sur PAPIER GRAND RAISIN VÉLIN.

744. SILVESTRE (Armand). Le Conte de l'Archer. Aquarelles de A. Poirson, gravées par Gillot. Impression chromotypographique par A. Lahure. *Paris, Rouveyre et Blond*, 1883, in-8, broché (*Couvert. illust.*).

Un des 125 exemplaires imprimés sur PAPIER DU JAPON.

745. SOCIÉTÉ FRANÇAISE des Amis des Arts, 1889-1890. *Paris*, 1889-1890, 2 vol. in-fol., en feuilles dans 2 cartons.

16 eaux-fortes tirées sur PAPIER VERGÉ.

746. STOP [L. Morel-Retz]. Bêtes et gens, fables et contes humoristiques à la plume et au crayon. *Paris, E. Plon*, 1877-1880, 2 vol. in-8, brochés (*Couvert. illust.*).

Nombreuses illustrations dans le texte.

747. TALLEMANT DES RÉAUX. Les Historiettes. Troisième édition entièrement revue sur le manuscrit original et disposée dans un nouvel ordre par MM. de Monmerqué et Paulin Paris. *Paris, J. Techener*, 1854-1860, 9 vol. in-8, brochés.

Un des quelques exemplaires imprimés sur PAPIER DE HOLLANDE, avec les couvertures bleues.
L'exemplaire est débroché.

748. TOUCHATOUT [Léon-Bienvenu]. Histoire de France tintamarresque depuis les temps les plus reculés jusqu'à nos jours. Illustrée par G. Lafosse avec le concours de MM. Draner, A. Gill, P. Hadol, A. Le Petit, Robida, etc., etc. *Paris, aux bureaux du journal l'Éclipse,* 1872, gr. in-8, cartonn. illust. (*Rel. de l'éditeur*).

Nombreuses illustrations.
PREMIER TIRAGE.

749. TOUR DU MONDE (Le). Nouveau journal des voyages publié sous la direction de M. Edouard Charton et illustré par nos plus célèbres artistes. De l'origine, 1860, à 1892 inclus. *Paris, Hachette et Cie*, 1860-1892, 64 vol. in-4, brochés.

Exemplaire imprimé sur PAPIER DE CHINE.
Le 1er semestre de 1881 est sur papier ordinaire.

750. THEURIET (André). L'affaire Froideville, mœurs d'employés. *Paris, G. Charpentier,* 1887, in-12, broché.

EDITION ORIGINALE.
Un des 25 exemplaires (n° 5) imprimés sur PAPIER DE HOLLANDE.

751. THIERS (A.). Histoire du Consulat et de l'Empire. *Paris, Paulin,* 1845-1864, 20 vol. in-8, figures, brochés.

752. TRIOMPHE DE LA MORT (Le), gravé d'après les dessins originaux de Jean Holbein par Chrn de Mechel, graveur à Basle, 1780. 48 photographies, montées sur bristol, in-4, demi-mar. rouge, plats toile.

Les photographies représentent toutes les pages du recueil gravé.

753. UCHARD (Mario). Mademoiselle Blaisot. *Paris, Calmann Lévy,* 1884, in-12, broché.

Un des 10 exemplaires imprimés sur PAPIER DU JAPON.

754. VADÉ. La Pipe cassée, poème épitragipoissardihéroï-comique, *Paris, Th. Belin,* 1882, pet. in-8, eaux-fortes de E. Mesplès, broché.

Un des 30 exemplaires (n° 2) imprimés sur PAPIER DU JAPON, contenant le TIRAGE A PART SUR JAPON de toutes les illustrations.
On y a joint les 11 DESSINS ORIGINAUX A L'AQUARELLE de E. MESPLÈS.

755. VAUX (Baron de). Les Hommes d'épée. Préface par Aurélien Scholl. *Paris, Edouard Rouveyre,* 1882, in-8, broché (*Couvert. illust.*).

Exemplaire imprimé sur papier vergé ; contenant toutes les planches hors texte sur PAPIER DE CHINE.

756. VECELLIO (Cesare). Costumes anciens et modernes, précédés

d'un essai sur la gravure sur bois par M. Amb. Firmin Didot. *Paris, Didot frères,* 1859-1860, 2 vol. in-8, brochés.

Exemplaire imprimé sur PAPIER DE CHINE.

757. VÉRON. Mémoires d'un bourgeois de Paris, par le docteur L. Véron, comprenant : la fin de l'Empire, la Restauration, la Monarchie de juillet et la République jusqu'au rétablissement de l'Empire. *Paris, Gabriel de Gonet,* 1853-1855, 6 vol. in-8, brochés.

On y a ajouté : VÉRON (Dr L.). Nouveaux mémoires d'un bourgeois de Paris depuis le 10 décembre 1848 jusqu'aux élections générales de 1863. *Paris, A. Lacroix, Verboeckhoven et Cie*, 1866, in-8, broché. — Le chapitre complémentaire des Mémoires d'un bourgeois de Paris. *Paris, Gabriel de Gonet,* 1855, broch., in-8.

758. VOLTAIRE. Le Sottisier de Voltaire publié pour la première fois d'après une copie authentique faite sur le manuscrit autographe. Avec une préface par L. Leouzon le Duc. *Paris, Librairie des bibliophiles,* 1880, in-8, broché.

Un des 20 exemplaires (n° 2) imprimés sur PAPIER WHATMAN.

759. ZOLA (Emile). L'Assommoir. *Paris, Marpon et Flammarion, s. d.* (1878), gr. in-8, broché.

PREMIER TIRAGE.

Exemplaire imprimé sur PAPIER DE HOLLANDE contenant le tirage hors texte sur Chine des figures.

760. ZOLA (Emile). Nana. Edition illustrée par André Gill, Bertall, G. Bellanger, Bigot, Clairin, etc. *Paris, Marpon et Flammarion,* 1882, gr. in-8, broché.

PREMIER TIRAGE.

Exemplaire imprimé sur PAPIER DE HOLLANDE, contenant le tirage sur Chine hors texte des figures.

5. — BIBLIOGRAPHIE

761. ANNALES ADMINISTRATIVES DES BIBLIOPHILES CONTEMPORAINS. Académie des beaux livres pour les années 1889-1894 inclus. *Paris,* 1889-1894, 6 vol. in-8, brochés.

Tiré à 250 exemplaires.

762. ASSELINEAU (Charles). Bibliographie romantique. Seconde édition, revue et très augmentée, avec une eau-forte de Bracquemond. *Paris, Rouquette,* 1872, in-8, cartonn. demi-toile grise, ébarbé.

Tirage à petit nombre.

763. BÉRALDI (Henri), 1865-1885. Bibliothèque d'un bibliophile. *Lille, Imp. L. Danel,* 1885, pet. in-8, broché.

Catalogue de la bibliothèque de M. Eugène Paillet, tiré à 200 exemplaires sur papier de Hollande.

764. BIBLIOGRAPHIE. 3 vol. gr. in-8, dont 1 vol. demi-toile grise et 2 vol. pet. in-8, brochés. — Ens. 5 vol.

Ashbee (H. S.). A bibliography of Tunisia. *London, Dulau,* 1889. — Bougard (Dr E.). Bibliographie des Contes Rémois. *Paris, Rouquette,* 1880. — Lacroix (Paul). Bibliographie moliéresque. *Turin, J. Gay,* 1872. — Parran (A.). Romantiques, éditions originales, vignettes, documents inédits ou peu connus. *Paris, Rouquette,* 1881. — Rouveyre (Edouard). Connaissances nécessaires à un bibliophile. *Paris, E. Rouveyre,* 1879.

765. BRIVOIS (Jules). Bibliographie des ouvrages illustrés du xixe siècle, principalement des livres à gravures sur bois. *Paris, Rouquette,* 1883, in-8, dos et coins chagrin vert foncé, jans., tête dor., non rogné.

766. BRUNET (Jacques-Charles). Manuel du libraire et de l'amateur de livres. Cinquième édition originale entièrement refondue et augmentée d'un tiers. *Paris, Firmin Didot,* 1860-1865, 6 tomes en 12 vol. — Deschamps (P.) et Brunet (C.). Supplément au Manuel du libraire et de l'amateur de livres. *Paris, Firmin Didot,* 1878-1880, 2 vol. — Ens. 8 tomes en 14 vol. in-8, brochés.

767. CLOUARD (Maurice). Bibliographie des œuvres d'Alfred de Musset et des ouvrages, gravures et vignettes qui s'y rapportent. *Paris, P. Rouquette,* 1883. — Documents inédits sur Alfred de Musset. *Ibid., Id.,* 1900. — Ens. 2 vol. in-8, brochés.

768. COHEN (Henry). Guide de l'amateur de livres à figures et à vignettes du xviiie siècle. Troisième édition entièrement refondue et considérablement augmentée par Charles Mehl. *Paris, Rouquette,* 1876, in-8, broché.

Exemplaire imprimé sur papier de Hollande.

769. COHEN (Henry). Guide de l'amateur de livres à vignettes (et à figures) du xviiie siècle. Quatrième édition. *Paris, Rouquette,* 1880, in-8, broché.

Un des 100 exemplaires imprimés sur papier de Hollande.

770. COHEN (Henry). Guide de l'amateur de livres à gravures du xviiie siècle. Cinquième édition revue, corrigée et considérablement augmentée par le baron Roger Portalis. *Paris, Rouquette,* 1886, in-8, dos et coins mar. grenat jans., tête dor., non rogné (*Couvert.*).

771. GRAND-CARTERET (John). Les Almanachs français. Bibliographie, iconographie, des almanachs, années, annuaires, calen-

driers, etc., édités à Paris (1600-1895). Ouvrage illustré de 5 planches coloriées et de 306 vignettes. *Paris, J. Alisié et Cie*, 1896, un tome en 2 vol., dos et coins mar. bleu foncé, tête dor., non rognés.

772. LACOMBE (Paul). Bibliographie parisienne. Tableaux de mœurs (1600-1880). *Paris, Rouquette*, 1887, in-8, broché.

Épuisé.

773. LE PETIT (Jules). Bibliographie des principales éditions originales d'écrivains français du xve au xviiie siècle. Ouvrage contenant environ 300 fac-simile de titres des livres décrits. *Paris, Quantin*, 1888, gr. in-8, broché.

774. MARIUS-MICHEL. La Reliure française depuis l'invention de l'imprimerie jusqu'à la fin du xviiie siècle. — La Reliure française, commerciale et industrielle depuis l'invention de l'imprimerie jusqu'à nos jours. *Paris, Morgand et Fatout*, 1880-1881, 2 vol. gr. in-8, brochés.

Nombreuses reproductions hors texte en héliogravure et gravées sur bois dans le texte.

775. SIEURIN (J.). Manuel de l'amateur d'illustrations. Gravures et portraits pour l'ornement des livres français et étrangers. *Paris, Ad. Labitte*, 1875, in-8, broché.

Exemplaire imprimé sur papier de Hollande.

776. SOCIÉTÉ DES AMIS DES LIVRES. Annuaire pour les années 1880 à 1907 inclus. *Paris, imprimé pour les Amis des livres*, 1880-1907, 25 vol. pet. in-8 et in-12, brochés.

Les années 1884, 1885, 1902 manquent.

777. Sous ce numéro, on vendra quelques livres en lots.

ORDRE DES VACATIONS

Première vacation.

Le mercredi 3 novembre 1909.

Nos 367 à 574.

Deuxième vacation.

Le jeudi 4 novembre 1909.

Nos 575 à 777.

CHARTRES. — IMPRIMERIE DURAND, RUE FULBERT.

www.ingramcontent.com/pod-product-compliance
Ingram Content Group UK Ltd.
Pitfield, Milton Keynes, MK11 3LW, UK
UKHW021634260726
13994UKWH00003B/1186

9 782019 999575